FINANCIAL REFORM AND
INNOVATIVE PRACTICE IN
TRANSITIONAL PERIOD

转型期金融改革
与创新实践

欧阳韶辉 ◎ 著

经济管理出版社
ECONOMY & MANAGEMENT PUBLISHING HOUSE

图书在版编目（CIP）数据

转型期金融改革与创新实践/欧阳韶辉著. —北京：经济管理出版社，2019.1
ISBN 978-7-5096-5541-2

Ⅰ.①转⋯　Ⅱ.①欧⋯　Ⅲ.①金融改革—中国—文集　Ⅳ.①F832.1-53

中国版本图书馆 CIP 数据核字（2019）第 018071 号

组稿编辑：张莉琼

责任编辑：张　艳　张莉琼

责任印制：黄章平

责任校对：陈　颖

出版发行：经济管理出版社
　　　　　（北京市海淀区北蜂窝 8 号中雅大厦 A 座 11 层　100038）

网　　　址：www. E-mp. com. cn

电　　　话：（010）51915602

印　　　刷：三河市延风印装有限公司

经　　　销：新华书店

开　　　本：720mm×1000mm /16

印　　　张：17. 25

字　　　数：248 千字

版　　　次：2019 年 3 月第 1 版　　2019 年 3 月第 1 次印刷

书　　　号：ISBN 978-7-5096-5541-2

定　　　价：69. 00 元

创新基因炼成记

（代序）

感谢这个伟大的时代，我们经历了巨大的变化，正在感受激烈的冲击，今后还将迎来更为剧烈的变革！

我出生于中国中部省份的一个小乡村，从小生活比较艰苦，因而现在对人民的生活、时代的变迁、民族的走向、国家的命运和世界的风云有着更深的感悟。幼年乖巧聪颖，少年经历艰苦、勤劳好学，上得一所好大学，获得一份好工作，生活一直比较顺利。但自幼酷爱学习、善于思考，每个工作单位都有很多博学多才的同事和师长，并且一直有很多好书相伴，兼之长年有机会深入农村和城市，而且是不同区域的农村和城市，对很多问题有了深入的对比、思考和研究。有幸长期工作生活于改革开放的前沿城市——深圳，并且有缘亲历了温州经济金融改革最受世人瞩目的一段时光，加上自己长期跟踪国际和国内经济金融理论创新及实务发展，并且长期深入实践和思考，在金融改革与创新方面陆续有了一些成果。现结集出版，算是对过去时光、过去旅程的一个交代，也借机梳理一下我的创新历程。

一、幸福的童年为创新思维插上翅膀

我的童年和少年时期，现在回想起来是比较幸福的。除了吃不饱的记忆外，其他回忆都比较美好：山是青的，水是绿的，天是蓝的，可以吃的东西都比较天然、让人放心。生活的不易和父母的辛劳让"穷人"的孩子

较早地"懂事"。父亲的温和谦逊仁慈、母亲的吃苦耐劳隐忍，尤其是他们对孩子们的耐心引导和"充分信任"，让我度过了幸福而愉快的童年和少年时光，也培养、磨炼了我的性格。农村家庭事多，我上小学比较早。小学前三年是在我们村小学（坐落在村旁的小山边）度过的。记得那时我们玩的时间比较多，作业很少，基本在课堂上就完成了，放学回家后或在路上会帮助家里做些力所能及的事。非常幸运的是启蒙老师对我们要求比较严格，使我得以养成了较好的学习习惯。后两年在离家两公里左右（我对实际距离掌握不够精确）的中心小学学习。早上我们从家里带上米和中午吃的菜走到学校，有时还需要带上交给学校做饭烧的柴，到校后把米放到自己蒸饭用的碗或杯子里，中午下课后到走廊（我们的食堂）蒸笼找自己的碗，一群同学就着带来的菜一起吃饭。下午放学后一起走路回家，大家不断从不同的路散开，越走人越少，最后就是同村的几个小伙伴一起到家。有时候上陡坡时赶上有汽车或拖拉机走得慢，我们也扒上去搭一段顺风车回家，因当时大多是运煤的车，到家时我们往往全身都黑了。老师中我印象最深的是教语文的唐玉杰老师和教数学的聂生福老师，唐老师清瘦儒雅，很是威严，聂老师经常给我们讲悬疑故事，让我们特别兴奋和期待。深深感谢父母及老一辈的亲人，启蒙老师欧阳桂荣（后来她嫁到坦坝村，也在那里创办了幼儿园继续她的教育事业，可惜不久因病去世）、欧阳怀中、欧阳春富、欧阳正兴等，中心小学的袁运宏老师等，以及一起成长的同学和小伙伴们，还有家乡的山山水水。

二、少年时的训练为创新意识打下基础

由于升学成绩不错，父亲也因为在乡镇中学的扎实工作而调入县城中学任教，于是我初中到了县城就读。一开始班主任老师是刚从师范大学毕业不久的音乐老师周正初，他十分热爱音乐事业，在作词、作曲等方面都有很深的造诣，也特别热衷于提高学生们的美学修养。在他的指导和影响下，不少同学在初中阶段就已经完成了人生第一次音乐等方面的表演（我和李小军、郑文胜等同学也一起参加过表演）。之后的班主任是郑国旺老

师（语文任课教师），郑老师勤奋工作、严于律己、精诚团结，给我们做了很好的表率。同时他要求比较严格，也让我们得以健康成长。李登荃老师教我们地理，他能随手画一张逼真漂亮的中国地图，让同学们印象非常深刻；石祥玉老师教我们历史，他幽默风趣、寓教于乐，让大家改变了历史知识沉闷无趣的印象；化学老师蒋逢春虽然有点口吃，但他认真负责、循循善诱；物理老师杨绪军那时刚从学校毕业，他刻苦钻研、严谨踏实……印象深刻的还有刘格玲、冯军胜、黄尚礼、黄少曦、唐翠云、张日翠等老师。因为共同成长，同学间的友谊也比较深厚。

高中期间本应是紧张而忙碌的，但我印象更深的却是我们打篮球、唱歌放松的那些情景。我坐教室最后一排，座位下放一个篮球，一放学就抱着篮球冲出教室，和同学们一起锻炼。另外，我们班爱唱歌的同学非常多，有吉胜利、王雪安、刘德志、薛吉安等，课间我们经常一起大吼着流行歌曲来放松身心。高中最初的班主任是李梅英老师（语文任课教师），她的普通话十分标准，让我们这些湖南偏远县城的同学十分震撼。听她娓娓朗读、讲解对大多数同学而言简直如沐春风。她虽然身材不甚高大，但十分强势、要求严格、细致入微，对大家的成长、成熟影响比较大。数学老师赵玉宝后来任学校副校长，他造诣深厚、和蔼诙谐，让大家不再畏惧数学这一严谨、精深、晦涩的学科，乐于探讨钻研每道难题的多种方法。英语老师郑鹏俊和物理老师毛敬东后来也担任过我们的班主任，毛老师还拉小提琴训练我们排节目。其他任课教师还有刘仁生、彭先礼、李友德、李霁梅、欧阳志中、奉学厚、万良春、杨润球等。同学们比较注重文体活动，一起讨论学习、钻研课业，感情十分深厚。因老师们要求严格，大家也非常努力，同学们都有比较好的发展。这期间我与欧三任、何鹏程、龚阳华、欧阳道友等同学交流较多。

三、青年时的积累为创新能力埋下伏笔

大学期间看书比较多也比较杂，同时还写诗、唱歌等。其实是在专业学习上有点放松，玩得比较野，但是这些知识和能力也拓宽了我的接触

面，为创新能力和现在时髦的"跨界"素养做了比较好的铺垫。大学四年我印象最为深刻的是为期一个月的山西临汾军训。军事训练开启了我们"万花筒"式的大学生活，期间的很多场景同学聚会时仍然时常谈及。军训期间合唱团的训练、表演和拓展，既有自律、向上的约束，也带来学习、成长的自豪感。期间生病住院，老师和同学们给予了很多关爱，现在回想起来仍然十分感动、非常温暖。尤其是两个班主任老师周明德和王化成，虽然比我们年长不多，但他们秉承学校对学子的爱，像兄长一样关心爱护大家，让我们这些"自由电子"少走了很多弯路。同学们一起成长，互相启发、互相促进，这对从农村来到大城市的我适应环境帮助很大。这段时间李相国等老师对我的影响和帮助较大。同学们交流比较多，同宿舍的王玉柱、黄勇、冉启军、胡超、李亚平（后期与肖永桥交换宿舍）、肖永桥、向立明、周宁等如同兄弟一般，和527宿舍的女同学们也有不少互动和交流，与班上其他同学如黎少峰、刘睿、徐卫晖、刘志勇、陈云峰等感情也比较深厚。一些同乡一起到异地学习，大家一路携手、互相照料、互相扶持，情谊更加深厚。尤其是我的二哥和堂姐，他们是我人生路上的灯塔，他们对我无微不至的关心与呵护，让我感受到了异乡的温暖！其他交流较多的则有欧阳昌裕、周宏毅、李晓东、何文明、许国康、刘济秀、程曙光、樊新鸿、肖平进、楚林、肖喜学、徐虹、王章鸿等。

四、工作中努力践行创新，推动转型发展

我的第一份工作是在某大型银行的深圳分行（1992~1994年），先在支行，后在分行营业部，从事过票据交换、人民币会计、外汇会计、信贷等基础工作。步入社会，我体会到了工作和生活的不易。感谢我的职场引路人吴文林处长，给我帮助较多的卢鑫章老人、卜文主任、陈长真组长，以及同事谢礼泊、周明华、郭珠峰、刘燕、包大兵、黄旭芬、孔文莹、郭粤文、李华等。

之后在国家外汇管理局某下属试点单位做了九个月的结算和投资工作，我们参与外汇期权的试点工作，心里种下了外汇（国际）业务和交易

市场业务的种子。当时与刘杰、曲延玲、汪要武、佘春宁、何成宏、陈少彬、谢辉、朱松涛、李晓霞、万兵、贺金凌、毛冠英、陈馨元、徐静等交流比较多。因国家外汇管理政策出现巨大变动，该单位关闭。1995 年 3 月，我来到中国人民银行某分行（因机构改革 1999 年改称中心支行）工作，先后在稽核处（1995~1999 年）、银行监管一处（1999~2001 年）、银行管理处（2001~2002 年）和办公室（2002~2003 年）四个部门工作过。

稽核处是个团结战斗的集体，在胡富秀、王金玉的呵护下，在李松玉博士的带领下，一群青春勃发的创业者通过严格的学习—设计方案—现场检查—总结这样循环往复的积累，快速成为业务尖子和监管能手。稽核处的同事们和深圳特区中国人民银行许多热血青年一道厚积薄发，为特区金融稳定挥洒着汗水，付出了青春。他们连续多年获得中国人民银行"青年文明号"的光荣称号，为人民银行完成了一个又一个急、难、险、重的任务，创造了一个又一个业内第一，他们用辛劳和智慧创造了属于中国金融业、中国人民银行同时也属于他们自己的一座座丰碑！整个团队亲如一家，结下了深厚的友谊，有些还成就了美好的爱情。黄木岗华富又一村和园岭 71 栋（现为 103 栋）留下了他们青春的足迹和难以磨灭的记忆。现在，他们都活跃在全国各金融部门第一线，领导并推动经济金融稳健发展！其中的佼佼者有吴木强、文善恩、徐宝权、赵文杰、吴新军、陈飞鸿、潘文波、陈璇强、周春梅、曲显斌、周星、郏航等。

随着中国人民银行大区行改革，我被调到银行监管一处工作，在曾于瑾处长和徐柏熹博士（副处长）的指导和同事们的帮助下，在巨大工作压力的锻造下，我的业务能力再一次得到较大提升。这期间重要成果主要有三项：第一项是撰写讨论稿《商业银行表外业务风险监管办法》（2000），当时中国人民银行对商业银行表外业务的发展高度关注，并发起监管办法起草工作。我有幸参与并成为主笔，得到了很好的锻炼。第二项是在参加中国人民银行总行对国有大行统一授信工作现场检查的基础上，学习外资银行统一授信的做法，形成了论文《西方银行的统一授信及其借鉴》（2000），这也是我国较早研究银行统一授信的文章，为统一授信监管规则的宣传教育和推动实施做出了贡献。第三项是针对当时部分客户信用缺失的情况，经过认真学习和调查研究，形成了《关于建立深圳金融客户信用认证网络系统的设想》（2000）并上报市委市政府，得到了有关领导的高度重视。在此基础上，中国人民银行牵头逐步完善了企业和个人征信行为管理以及征信机构和征信系统的建设。工作过程中也形成了《关于深圳市国内银行应收未收利息情况的调查》（2001）等成果，对摸清当时银行信贷资产质量真实状况具有一定的指导意义和长远的现实意义。期间在我们处室基础上组建了中国保险监督管理委员会深圳监管局。2018年银、保监会合并，所谓"分久必合，合久必分"，我国金融监管的发展历程与国际金融监管发展历史一样曲折往复。这期间除领导关心外，对我帮助较多的有李晓梅、赵炬辉、骆德武等。

机构进一步改革后，我到了银行管理处工作，主要职责是对银行业机构、业务和人员进行管理。当时栾锋处长带着池少平、郭柱、彭述平、曹向东等为深圳市银行业服务，着眼高效、亲和，监管服务面貌有了较大改观。期间有两件事值得说说：一是为提高外汇业务管理的规范性，我们组织全辖机构开展外汇从业人员培训和考试，为近两千金融从业人员取得外汇业务从业资格，为深圳银行业国际业务的发展做了一件大事，奠定了雄厚的人才基础。二是组织中国人民银行九个处室制订《外资银行开办人民币业务流程》（2002），为深圳市外资银行开办人民币提供全流程保姆式服务，得到业界和中国人民银行总行的高度肯定，取得良好监管服务实绩。这些成绩的取得，除全行的大力支持外，也离不开深圳市所有银行业金融机构的积极配合。

在中国人民银行工作的最后一年是在办公室度过的，办公室职能杂、事务多、要求高，丰富了我各方面的业务能力。这期间主要做了几件事情：一是全员上阵，"土法上马"，编撰《金研内参》。分呈各方后，得到中国人民银行、深圳市委市政府及其他相关各方的高度重视。二是完成一些重要文件起草和重大活动组织工作。三是完成银监局筹建相关工作。这期间，行领导们给予了我很多关心和指点，时任主任郑薇展现了对团队建设高度的责任感和高超的能力，副主任朱祥对我能力的提升给予较多帮助，其他同事如黄富、张春光、侍成林、祁丽青等与我合作较多。

研究生阶段是通过在职学习（1998~2002年）的方式完成的，大家在一起听课学习和活动的时间不是特别多，但因是工作之后的同学生涯，同学们更加珍惜，感情也十分融洽。我的硕士论文选题是"日本银行业股权模式的教训及对我国的借鉴"，基于我国加入世界贸易组织（WTO）后与国际金融业的正面竞争形势，从公司治理的核心问题——股权模式来顶层设计我国银行业的发展和完善。因此四年间对公司治理方面的重要问题多视角地进行了一些开创性的研究并形成了部分研究成果，包括《日本银行业股权模式的基本特征及存在问题》（2002）、《银行业董事责任的国际比较及启示》（2002）、《商业银行公司治理存在的问题及对策》（2003）和《银行业股权模式与公司治理》（2003）等。这些论文在《中国金融》等核心期刊发表后，受到学术界和实务界较多关注，不少观点和结论被反复引用。感谢马颖老师对我的悉心指导和严格要求，让我完成了一篇较有深度的硕士论文。周茂荣等老师对我们关怀备至。同学中张洪杰、高颂、章晓峰、谢辉等对班级付出较多。

2003年4月28日，原中国银行业监督管理委员会成立，10月15日深圳银监局挂牌。人随业务走，同年底我到深圳银监局工作。在时任银监会主席刘明康先生先进和专业的监管理念指导下，在时任深圳银监局局长于学军的带领下，一帮人心无旁骛、奋发作为，形成了勤奋工作、务实服务、专业专注、开放包容、锐意进取、大胆创新的工作作风，并带动深圳银行业取得了良好成绩，为深圳银行业的长远发展打下了坚实基础。在此期间，我主要做了以下工作：一是参与《深圳银行业发展与监管五年规划》《深圳银行业发展与监管报告》等重大文件起草。二是组织推动信息调研工作在银监会系统形成鲜明特色。三是参与重要会议、重大活动的组织工作。四是与政府、行业协会和媒体等保持良好互动，与各类型金融机构保持密切联系。工作期间，在深入调查研究的风气带动下，在调研信息和新闻宣传的工作要求下，我撰写了不少研究文章，如《巴塞尔委员会金融衍生业务风险监管对我国的启示》（2003）、《当代金融监管国际化的新特点及对我国的启示》（2003）、《加强现场检查 推动监管水平上新台阶》（2004）、《纽约中行事件的教训》（2004）、《英国 ARROW 风险监管体系对我们的启示》（2004）、《大力推行管理会计，提高我国商业银行竞争力》（2005）、《日本经济金融发展状况及其启示》（2006）、《对个人小额存款账户收费情况的调查》（2006）等。局领导和同事们给予我工作的莫大支持，使我各方面能力再获较大提升。对我帮助较多的有时任办公室主任栾锋及继任者刘中、闫建东，副主任邹伟、潘文波、周春梅、陈祖彰，同事顾正平、朱志强、陈国强、乔刚、高春茹、张惠萍等。

2008 年，城市商业银行跨区域经营，不安分的想法（也可以叫创新基因）促使我真正"下海"摸爬滚打，经单位推荐到某分行任职，开始了我商业银行经营的实务管理生涯（相对于中国人民银行和银监局期间的监督管理工作而言）。期间主要做了几件事：一是建立较完善的风险管理和授信审批机制。二是建立了与同行相当的运营平台，运营管理取得优异成绩。三是集中放款探索取得良好效果，在同业引起较大反响。四是与小额贷款公司合作助贷模式领先同业。熟悉了城市商业银行分支机构的运作，也培养了一些精英和团队。当时发表的《提升小微企业金融服务的一把钥匙》（2012）研究比较深入、措施针对性强，从商业银行考核激励这一最核心的角度提出提高对小微企业贷款不良率的容忍度来助推小微企业金融服务，切实解决融资难、融资贵问题，现在看来仍具有极强的现实指导意义。当然囿于当时的视野和研究深度，对国家层面大的配套政策还没有提出全面的应对建议，这也有待于后期的研究来进一步完善。期间还发表了《应对金融海啸冲击 加强合规风险管理》（2009）。感谢政府、监管部门领导的支持和厚爱，刘元局长帮助我走上了商业银行发展的道路，万浩波、冷文广、曾胜平、刘元中、金坚利、王兵、胡伟等朋友们则助推我在这一光辉大道上越走越远。

2012 年温州金融改革全面启动，缘于温州市委的信任，我有机会亲历了这一场改革。在温州工作期间，在工作单位董事会和高管层的指导和支持下，我主要做了几件事：一是推动投资银行和同业业务的架构搭建和工作机制建设。二是推动理财业务形成品牌。三是推动信用卡业务发展取得突破性进展。四是完成次级金融债发行，增强了资本实力。当时深入温州各个方面，得到了非常全面的学习和锻炼，极大地丰富了我的人生。我也有更多时间来思考国际、国内经济大势和金融运行，陆续发表了《温州金融改革的微观解读》(2013)、《新形势对中国银行业发展的影响》(2013)、《多措并举加强银行业全面风险管理》(2013)、《以系统论方法促进银行运营保障能力建设》(2013)、《商业银行面对金融市场业务爆发的喜与忧》(2013)、《银行业进入整合期有利于改革突破》(2013)、《零售业务是商业银行转型的基础》(2014)、《银行机构改革与业务转型》(2014)、《互联网金融发展展望》(2014)、《营销体系建设与银行业务发展》(2014) 和《商业银行公司业务创新发展路径》(2014) 等多篇论文，有几篇文章还产生了较大影响力。政府、监管部门的领导大力扶助，邢增福、殷乐人、吴华、陈系文带领一帮人给予了很多的帮助和指导，支持我融入新的环境并大胆创新、创业。一起到温州创业的不少同道，以及我的同事和下属朋友们团结奋进，对温州各项事业付出了很多心血，做出了不少奉献。

近年来，我又投身于深圳前海的金融改革工作，为我国产业转型升级和新经济发展添砖加瓦。

感谢上天眷顾和时代的赐予，让我有如此丰富的人生履历，让我有幸受教于很多良师，结识了不少益友，培养了一大批精英和团队，也保持着不断追求的不竭动力。面临新的历史机遇，我将更加砥砺前行！

感谢我的父母和亲人，感谢我生于斯长于斯的这片土地。

目 录

五、 顶层设计

六、 金融运营

七、 产业转型

八、 金融监管

九、 区域创新

十、 风险管理

一

法制探索

商业银行表外业务风险
监管办法（讨论稿）*

第一章 总则

第一节 概念

第一条 为防范金融风险，规范商业银行表外业务经营，根据《中华人民共和国中国人民银行法》和《中华人民共和国商业银行法》，特制定本办法。

第二条 本办法所称"表外业务"系指商业银行所从事的未列入资产负债表以及不影响银行资产和负债总额，但能改变当期损益及营运资金，从而提高银行资产报酬率的业务活动。这些活动在传统的账务处理程序下仅在资产负债表上作一解释，或在线下予以反映。

第三条 （根据国际银行业巴塞尔委员会的划分）商业银行的表外业务分为四类：

1. 商业银行传统的中间业务，包括信托业务、（转）租赁业务、咨询

* 本文成于 2000 年 4 月 25 日，系笔者为中国人民银行起草的第一份法律文件草稿，经中国人民银行广州分行上报总行后受银行监管一司高度重视。中国人民银行总行指定笔者参加正式文本的讨论及修正，并于 11 月发布《商业银行表外业务风险管理指引》（银发〔2000〕344 号）。之后原中国银监会据中国人民银行文件发布《商业银行表外业务风险管理指引》（银监发〔2011〕31号）。2016 年 11 月，《商业银行表外业务风险管理指引（修订征求意见稿）》向社会公开征求意见。感谢处室同事的帮助，感谢中国人民银行深圳市中心支行、广州分行及总行相关领导的支持和厚爱，在文件起草修订过程中笔者收获巨大！

业务、鉴证业务和代理业务。（代理业务包括代发工资，代收水费、电费、电话费，代理保险，代保管财物，委托收款，代理汇款和代理兑付等业务。其中委托收款业务包括国内托收和国际票据托收业务；代理汇款业务包括国内汇款和国际汇出汇款结算业务；代理兑付业务包括国内兑付和国际汇入汇款业务）

2. 商业银行的对外担保业务，包括商业银行对客户偿还贷款提供的担保（保函）、汇票承兑、跟单信用证等业务。（保函业务包括投标保函、履约保函和还款保函）

3. 商业银行的贷款承诺，包括发行商业票据、备用信用额（证）、循环信用额（证）、回购协议及票据发行便利等业务。（回购协议业务包括买入返售协议和卖出回购协议等业务）

4. 衍生金融工具，包括（货币利率）互换、定（远）期利率协议、远期汇率协议、期货、期权等业务。（互换业务包括货币互换、利率互换、货币利率互换和混合互换等业务；期货业务包括货币期货、利率期货和股票指数期货等业务；期权业务包括股票期权、利率期权、外汇汇率期权、股票指数期权和期货期权等业务）

第二节　市场准入

第四条　各商业银行在开展各项表外业务前应报经中国人民银行批准；商业银行取得相应资格后，各分支机构应在其上级行的授权下、开展各项表外业务前报中国人民银行当地分支机构备案。

第五条　商业银行开展各项表外业务应以资本实力为基础：

1. 商业银行资本金在 20 亿元人民币（含 20 亿元）以下的，可以申请开展中间业务；

2. 商业银行资本金在 20 亿元人民币以上 50 亿元人民币（含 50 亿元）以下的，可以申请开展对外担保业务；

3. 商业银行资本金在 50 亿元人民币以上 100 亿元人民币（含 100 亿元）以下的，可以申请开展贷款承诺业务；

4. 商业银行资本金在 500 亿元人民币（含 500 亿元）以上的，可以申请开展衍生金融工具业务。

第六条　商业银行申请开展表外业务应上报以下相关资料：

1. 开展某项业务的目的；

2. 开展该项业务的各项有利条件；

3. 对业务的组织；

4. 从事该项业务的人员及其资格认定；

5. 从事该项业务的流程；

6. 从事该项业务的岗位责任制；

7. 开展某项业务的内部控制制度；

8. 中国人民银行要求的其他资料。

第三节　总体风险控制

第七条　对商业银行表内和表外业务的统一管理，我们引入"总体风险控制"概念。

第八条　将表外业务的潜在风险视同表内业务的风险，两部分相加确定商业银行的总体风险，对两部分风险进行统一控制就是对商业银行进行总体风险控制。

第九条　商业银行开展表外业务应纳入总体风险控制。

第十条　商业银行开展表外业务可按下列比例（风险转换系数）确定其潜在风险：

1. 期限小于一年的承诺或可撤销承诺，0%；

2. 一年以内（不含一年）的利率合约，0%；

3. 3天以内（不含3天）的汇率合约，0%；

4. 一年或一年以上的利率合约，1%；

5. 3天以上（含3天）1个月以内（不含1个月）的汇率合约，2%；

6. 1个月以上（含1个月）3个月以内（不含3个月）的汇率合约，4%；

7. 3个月以上（含3个月）一年以内（不含一年）的汇率合约，8%；

8. 一年或一年以上的汇率合约，10%；

9. 短期有自行清偿能力的与贸易相关的或有项目，20%；

10. 某些与交易相关的或有项目，50%；

11. 票据发行便利和循环包销便利，50%；

12. 期限超过一年的其他承诺，50%；

13. 直接信用代用工具，100%；

14. 销售和回购协议及有追索权的资产出售，100%；

15. 远期购买承诺和远期存款承诺，100%。

第十一条　商业银行的总体风险控制应当遵循资本控制原则，即商业银行资本总额应当大于表内与表外业务可能发生的风险总额。公式表示为：

1. 商业银行资本总额≥商业银行总体风险额；

2. 商业银行总体风险额＝表内风险资产总额＋表外业务转换的风险资产总额；

3. 表内风险资产总额＝$\sum$（各项资产×风险转换系数）；

4. 表外业务转换的风险资产总额＝$\sum$（表外各项业务金额×风险转换系数）。

第四节　业务操作风险控制

第十二条　商业银行开展表外业务应具备熟悉业务的专门人员、比较完善的内部控制制度和比较健全的检查监督机制。

第十三条　商业银行应严格按照有关惯例及相关法律法规开展表外业务。

第十四条　商业银行开展表外业务应严格按合同及相关协议进行责权界定，不得随意违反或废止有关合同或协议。

第十五条　商业银行表外业务费率由银行同业统一制定，各商业银行遵照执行，不得随意调整，银行同业负责对费率执行情况进行检查、协调和处理。

第十六条　商业银行应在对客户进行统一授信的基础上开展表外业务。

第十七条 商业银行开展表外业务须收取保证金的应当足额收取，并应设立保证金专户核算，保证金的入账、支付和支取应有完善的审批手续和内部控制制度。

第十八条 商业银行开展表外业务应有完整、准确的记录。

第十九条 商业银行表外业务情况应随报表及时、完整、准确报送，出现异常情况应及时与当地中国人民银行分支机构联系。

第二十条 商业银行的表外业务资料应保存完整，以备主管机关和检查机构检查。

第二章 中间业务

第一节 信托业务

第二十一条 商业银行开展信托业务时应适当审查受托财物所有权的真实性；应有由委托人（或其代理人）签署的严格的委托声明。

第二十二条 商业银行应严格按委托声明的规定进行信托业务，未经委托人书面同意，不得擅自超出委托声明从事其他活动。

第二十三条 商业银行应对信托财物的安全性和完整性负责，不得出现商业银行人为的信托财物的损失。

第二十四条 商业银行由于严格按委托声明的规定进行信托业务而发生的信托财物的损失，原则上商业银行不应承担责任。但商业银行应协助委托人了解事实真相、协助委托人善后处理有关事宜。

第二十五条 商业银行开展信托业务不得随意垫付资金，也不得用自有资金或财物与信托财物混合经营。

第二节 转租赁业务

第二十六条 商业银行开展转租赁业务时应适当审查受托租赁财物所有权的真实性；应有由转租赁委托人（或其代理人）签署的严格的委托租赁声明。

第二十七条 商业银行应严格按委托租赁声明的规定进行转租赁业务，未经委托人书面同意，不得擅自超出委托租赁声明从事其他活动。

第二十八条　商业银行应对受托租赁财物的安全性和完整性负责，不得出现商业银行人为的受托租赁财物的损失。

第二十九条　商业银行由于严格按委托租赁声明的规定进行转租赁业务而发生的受托租赁财物的损失，原则上商业银行不应承担责任。但商业银行应协助委托人了解事实真相、协助委托人善后处理有关事宜。

第三十条　商业银行开展受托租赁业务不得随意垫付资金，也不得用自有资金或财物参与转租赁业务。

第三节　咨询与鉴证业务

第三十一条　商业银行开展咨询业务应遵循诚实信用原则。应对申请咨询人的资格进行合理审查。

第三十二条　商业银行不得随意向咨询人提供本应保密的资料，答询资料及答询过程中应明显声明"据咨询结果进行决策风险自担"，不得发生误导咨询人决策的行为。

第三十三条　商业银行开展鉴证业务应遵循诚实信用原则，应对申请鉴证人的资格进行合理审查。

第三十四条　商业银行不得发生欺诈瞒骗行为，商业银行应对其鉴证结果的准确性和客观性负责，鉴证过程中不得随意泄露保密信息。

第四节　代理业务

第三十五条　商业银行应严格按照代理协议和有关惯例的要求开展代理业务。

第三十六条　商业银行开展代理业务不得随意垫付资金。

第三十七条　商业银行开展代理业务应为客户提供及时、准确的服务。不得错扣、漏扣款项，要保证客户资金和财产的安全，不得随意占压客户资金。

第三十八条　商业银行开展国际票据托收、国际汇出汇款结算和国际汇入汇款等代理业务还应当遵守国家外汇管理局的有关规定，认真审查有关资料，严格进行结汇、售汇和付汇业务。汇款的汇路应快捷、清晰，资金入账要准确、及时。

第三章　对外担保业务

第三十九条　各商业银行开办担保业务应遵循自主经营、授权经营和反担保保障原则。

第四十条　各商业银行必须以行的名义对外出具担保，不得以内部职能部门的名义出具担保。

第四十一条　各商业银行只能为依法从事经营活动、资信状况良好的企业法人和其他经济组织提供担保。

第四十二条　各商业银行的分支机构办理担保业务须经该商业银行总行授权，或在总行授权的范围内办理，对超出授权范围的，必须逐级上报有审批权限的行审批。

第四十三条　各商业银行应将担保业务纳入风险资产的范畴，一并计算资本与风险资产的比率。

第四十四条　各商业银行应将担保业务纳入统一授信管理，须考核担保受益人的信用等级、财务状况、经营能力，必要时可要求担保受益人提供反担保。

第四十五条　各商业银行须严格控制风险较高的付款保证、延期付款保证、分期付款保证、借款保证、租赁保证及账户透支等担保业务。

第四十六条　各商业银行的担保业务应遵循下列比例或规定：

1. 外汇负债总额与外汇担保余额之和不得超过其自有外汇资金的20倍；

2. 对外担保余额、境内外汇担保余额之和不得超过其外汇负债总额的50%；

3. 本币担保总额与外汇担保总额之和不得超过其注册资金的100%。

第四十七条　各商业银行不得为其下属的经营亏损的企业提供担保。

第四十八条　各商业银行提供担保，应当与债务人、被担保人订立书面合同，约定担保人、债权人、被担保人的权利和义务：

1. 担保人有权对被担保人的资金和财务情况进行监督；

2. 担保人提供担保后，在担保合同的有效期内债权人未按照债务合同履行义务的，担保人的担保义务自行解除；

3. 担保人提供担保后，在其所担保的合同有效期内，担保人应当按照担保合同履行担保义务。担保人履行担保义务后，有权向被担保人追偿；

4. 担保人提供对外担保后，债权人与被担保人如果需要修改所担保合同，必须取得担保人的同意，并由担保人报外汇局审批，未经担保人同意和外汇局批准的，担保人的担保义务自行解除。

第四十九条　各商业银行应制定担保业务统计表，列明担保金额、担保受益人、担保期限、履约额、被担保人违约额，定期上报中国人民银行。

第五十条　担保履约后，各商业银行应及时将履约情况反馈给中国人民银行，并相应在表内有关科目反映。

第一节　保函业务

第五十一条　商业银行应合理审查申请人保函业务的真实性。申请人开立保函申请书应载明保函具体格式及对保证事项的详尽要求。

第五十二条　商业银行开立保函一般应要求申请人对保函标的金额及附带义务出具抵押、交纳保证金或提供反担保。

第二节　汇票承兑

第五十三条　商业银行应认真审查汇票承兑申请人的经营状况、财务状况和资信状况等，严格对申请人实行统一授信，在申请人的授信额度内进行商业汇票的承兑业务活动。

第五十四条　汇票持有人向银行要求付款时，商业银行应及时向汇票承兑申请人提示付款。汇票承兑申请人无法及时付款的，银行应无条件垫款，不得拖延，并立刻向汇票承兑申请人追索。

第三节　开立信用证

第五十五条　商业银行应认真审查信用证开证申请人的经营状况、财务状况和资信状况等，严格对申请人实行统一授信，在申请人的授信额度内进行开立信用证业务活动。

第五十六条　在现有外汇管理体制下，商业银行应合理审查信用证的贸易背景。应着重审查进口人的业务范围、进口批文等，发现异常应及时处理并向上级行及当地中国人民银行报告有关情况。

第五十七条　在现有外汇管理体制下，商业银行应合理审验开证申请人提供的进口货物报关单，必要时应按外汇管理有关规定进行核对和二次核对。

第五十八条　在现有外汇管理体制下，商业银行应合理审查信用证开证申请人是否列入进出付汇企业名录，非名录内企业一律不得为其开立信用证。

第五十九条　商业银行应当设立开立信用证登记簿，对开立信用证有关情况序时登记。

第六十条　商业银行开立信用证应严格遵照国际惯例进行业务操作，不得随意借口拒绝履行有关义务，但也不得无原则地丧失有关权利。

第六十一条　商业银行应认真协助开证申请人做好货物或货物单证与信用证条款的核对工作，发现不符点应及时、完整地反馈开证申请人。

第六十二条　出口方提供的条件表面达到信用证条款的有关规定时，商业银行应当及时通知开证申请人承诺付款。开证申请人承诺付款后，商业银行应当无条件履行付款义务，不得拖延。

第六十三条　开证申请人自身未能履行付款义务时，商业银行因无条件对外支付而垫付的款项，应立刻向开证申请人行使追索权，但开证申请人可以向银行申请进口押汇。

第六十四条　商业银行对外垫付款项后应当严格掌握和管理有关进口货物或其物权凭证，对开证申请人对进口货物的处置紧密跟踪，发现有损银行权利的现象时，应当及时制止。

第六十五条　商业银行对进口押汇和垫款应比照贷款业务进行管理，应当做好对开证申请人的检查跟踪工作。

第六十六条　在现有外汇管理体制下，商业银行还应当督促开证申请人及时进行国际收支申报和外汇核销工作。

第四章 贷款承诺

第一节 发行商业票据

第六十七条 商业银行应认真审查申请人的经营状况、财务状况和资信状况等，严格对申请人实行统一授信，在申请人的授信额度内进行发行商业票据的业务活动。

第六十八条 商业银行应严格按照发行商业票据协议进行操作，发行完毕应及时将款项交由申请人使用，不得拖延入账或随意挪用。如未能成功发行，未规定包销的商业银行不得随意垫付款项；商业银行包销的应在协议约定期限将款项足额交由申请人使用，不得拖延。

第六十九条 商业银行对上一条所述资金的使用应严格监控，申请人改变款项用途或随意挪用应及时制止。

第七十条 商业银行发行商业票据业务应比照贷款业务进行管理，票据到期应督促申请人及时承担清偿义务。申请人无法及时清偿的，应做好票据延期、重新发行票据或其他重新安排债务的后续业务活动。

第二节 备用信用额（证）

第七十一条 商业银行应认真审查申请人的经营状况、财务状况和资信状况等，严格对申请人实行统一授信，申请人的备用信用额（证）额度应严格纳入授信额度统一管理。

第七十二条 商业银行应严格按照备用信用额（证）协议或合同及有关惯例从事业务，协议约定事项发生时应及时将款项交由申请人使用，不得拖延或随意借口拒绝履行义务。

第七十三条 商业银行对上一条所述资金的使用应严格监控，申请人改变款项用途或随意挪用应及时制止。

第七十四条 商业银行对备用信用额（证）业务应严格管理，做好跟踪检查工作，到期时应督促申请人及时承担清偿义务。

第三节 循环信用额（证）

第七十五条 商业银行应认真审查申请人的经营状况、财务状况和资信状况等，严格对申请人实行统一授信，申请人的循环信用额（证）额度应严格纳入授信额度统一管理。

第七十六条 商业银行应严格按照循环信用额（证）协议或合同及有关惯例从事业务，不得拖延或随意借口拒绝履行义务。

第七十七条 商业银行对上一条所述资金的使用应严格监控，申请人改变款项用途或随意挪用应及时制止。

第七十八条 商业银行对申请人的循环信用额（证）额度应严格管理，做好申请人使用授信台账，及时、准确把握申请人授信额度的使用、归还和结存授信量。

第七十九条 商业银行对循环信用额（证）业务应严格管理，根据申请人业务状况应能及时调整其循环信用额（证）额度，尽可能地防范风险。做好跟踪检查工作，到期时应督促申请人及时承担清偿义务。

第四节　回购协议

第八十条 商业银行应认真审查回购协议申请人的经营状况、财务状况和资信状况等，严格对申请人实行统一授信，申请人的回购协议额度应严格纳入授信额度统一管理。

第八十一条 商业银行应严格回购资产资格，回购资产应当具有较强的安全性、较高的流动性和一定的效益。

第八十二条 商业银行应严格审查回购资产的所有权，所有权不明晰的资产不得随意作为回购载体。

第八十三条 商业银行应严格回购资产管理，做好回购资产及其产权证明的交接、存放、保险和其他管理工作。

第八十四条 商业银行应严格按照回购协议或合同及有关惯例从事业务，协议约定事项发生时应及时将款项交由申请人使用，不得拖延或随意借口拒绝履行义务。

第八十五条 商业银行对上一条所述资金的使用应严格监控，申请人改变款项用途或随意挪用应及时制止。

第八十六条 商业银行对回购协议业务应严格管理，做好跟踪检查工作，到期时应督促申请人及时承担清偿义务。

第五节　票据发行便利

第八十七条　商业银行应认真审查申请人的经营状况、财务状况和资信状况等，严格对申请人实行统一授信，在申请人的授信额度内进行票据发行便利等业务活动。

第八十八条　商业银行应协助申请人做好发行商业票据业务，未能成功发行的部分商业银行应予包销，并应在协议约定期限将款项足额交由申请人使用，不得拖延。

第八十九条　票据发行额度应可循环使用。商业银行在票据到期时应督促申请人及时做好票据延期、重新发行票据或其他重新安排债务的后续业务活动。

第五章　衍生金融工具

第九十条　商业银行未经批准不得开展自营性质的衍生金融工具业务。

第九十一条　商业银行开展自营性质的衍生金融工具业务必须严格对每个交易员进行授权，交易员不得随意突破敞口额度。

第九十二条　商业银行开展自营性质的衍生金融工具业务必须前（交易）后台（会计结算与交收）分开，业务资料完整保存，以备查验。

第一节　互换

第九十三条　商业银行开展互换业务时应与申请人签定有关协议，协议对互换的业务操作、双方的权利和义务应当有明确的规定。

第九十四条　商业银行对互换的资金安排和资金运作应当严密监控，资金使用权的转移应有严格的程序，不得出现导致互换申请人资金使用权或其凭证丧失及毁损的行为。

第九十五条　互换到期时应严格履行清偿义务，双方不得以任何理由拒绝交割互换价差。

第二节 远期利率协议

第九十六条 商业银行应与远（定）期利率协议申请人签定有关协议，协议对远（定）期利率执行的业务操作、双方的权利和义务应当有明确的规定。

第九十七条 商业银行应当无条件执行远（定）期利率协议，远（定）期利率协议申请人对协议执行与否可以自行确定，但不得因此而不履行交割实际价差的义务。

第九十八条 远（定）期利率协议到期时应严格履行清偿义务，双方不得以任何理由拒绝交割实际价差。

第三节 远期汇率协议

第九十九条 商业银行应与远期汇率协议申请人签订有关协议，协议对远期汇率执行的业务操作、双方的权利和义务应当有明确的规定。

第一百条 商业银行应当无条件执行远期汇率协议，远期汇率协议申请人对协议执行与否可以自行确定，但不得因此而不履行交割实际价差的义务。

第一百零一条 远期汇率协议到期时应严格履行清偿义务，双方不得以任何理由拒绝交割实际价差。

第四节 期货

第一百零二条 商业银行开展期货业务应当制定标准的期货合约，并不得随意改变。

第一百零三条 商业银行应与期货业务申请人签定有关协议，协议对期货业务的操作、双方的权利和义务应当有明确的规定。

第一百零四条 商业银行开展期货业务应当有严格的平仓机制，商业银行应严格限制每一交易员每一交易日可保留的敞口头寸。商业银行因自身未与交易对手平仓或集中平仓而造成的损失，责任自负。

第一百零五条 商业银行应严格要求期货业务申请人遵守最大期货合约敞口量的限制，足额存续期货业务保证金，并应对保证金严格管理。

第一百零六条 商业银行应当保留期货业务申请人的书面业务委托、

网上业务委托或电话委托录音，以备查验。书面委托应当由委托人签字确认，网上委托、电话委托应当预留密码以便确认。期货业务申请人委托密码泄露责任自负。

第一百零七条　商业银行交易员应当严格按照申请人的指示进行操作，操作方向错误时申请人有权选择利益，但存在损失风险的商业银行自担。

第一百零八条　商业银行应当无条件执行期货合约，期货业务申请人对合约执行与否可以自行确定，但不得因此而不履行交割实际价差的义务。

第一百零九条　期货合约到期时应严格履行清偿义务，双方不得以任何理由拒绝交割实际价差。

第一百一十条　商业银行应当严格要求期货业务申请人保持足额的期货保证金，期货业务申请人持有未平仓期货合约时不得随意动用期货保证金。保证金不足以抵补期货合约损失时，商业银行应当及时要求期货合约申请人及时补足保证金。期货合约申请人未能及时补足保证金时，商业银行应当及时要求或强制平仓期货合约。

第一百一十一条　商业银行因对期货业务申请人期货敞口控制不严以及对期货业务保证金管理不严而造成商业银行自身的损失，商业银行应当责任自负；如因此而产生期货业务申请人的实际收益，商业银行不得随意拒付。

第五节　期权

第一百一十二条　商业银行开展期权业务应当制定标准的期权合约，并不得随意改变。

第一百一十三条　商业银行应与期权业务申请人签订有关协议，协议对期权业务的操作、双方的权利和义务应当有明确的规定。

第一百一十四条　商业银行开展期权业务应当有严格的平仓机制，商业银行应严格限制每一交易员每一交易日可保留的敞口头寸。商业银行因自身未与交易对手平仓或集中平仓而造成的损失，责任自负。

第一百一十五条　商业银行应严格要求期权业务申请人交纳期权费后方可进行期权的买卖，期权业务保证金不足以抵补期权费时不得透支进行期权买卖。

第一百一十六条　商业银行应当保留期货业务申请人的书面业务委托、网上业务委托或电话委托录音，以备查验。书面委托应当由委托人签字确认，网上委托、电话委托应当预留密码以便确认。期权业务申请人业务密码泄露责任自负。

第一百一十七条　商业银行期权业务交易员应当严格按照申请人的指示进行操作，操作方向错误时申请人有权选择利益，但存在损失风险的商业银行自担。

第一百一十八条　商业银行应当无条件执行期权合约。期权合约到期时应严格履行清偿义务，双方不得以任何理由拒绝交割实际价差。

第六章　罚则

第一百一十九条　商业银行有违反上述各条之规定的，参照《金融违法行为处罚办法》，对有关责任人追究有关责任。

第七章　其他

第一百二十条　本办法适用于在中华人民共和国境内从事金融业务活动的所有商业银行。

第一百二十一条　本办法自发布之日起施行，其他与本办法不一致的规定自行废止。

第一百二十二条　本办法由中国人民银行解释。

外资银行开办人民币业务流程*

近来，陆续有外资银行获准经营人民币业务，申请经营人民币业务的外资银行也不断增加，为方便外资银行办理有关业务，我行特制订以下流程。

第一部分　业务程序

一、申请程序

（一）申请经营人民币业务的资格条件

《中华人民共和国外资金融机构管理条例实施细则》（以下简称《细则》）第三十八条：《条例》第二十条第（一）项、第（二）项是指申请人在拟开办或扩大人民币业务的城市所设机构开业三年以上，申请前两年连续盈利。

（二）申请经营人民币业务需要递交的资料

《细则》第三十九条规定，外资金融机构经营人民币业务或扩大服务

＊　本文成于 2002 年 6 月 19 日，在中国加入 WTO 后对外资银行开放人民币业务政策落地初期。为更好引导外资银行开办人民币业务，中国人民银行深圳市中心支行务实服务，组织相关九个处室，制订了本流程。笔者有幸作为业务骨干和核心成员参与了流程的制订，这是笔者为中国人民银行起草的第二份法律文件。流程方便了外资银行的业务操作，发布后深圳市新增八家机构获准经营人民币业务，增加营运资金 18.9 亿元人民币。该流程受到在深外资银行、中国人民银行广州分行及总行的广泛赞誉，11 月中国人民银行总行在深圳市召开专门会议推广有关经验。感谢中国人民银行深圳市中心支行银行管理处时任处长栾锋先生，同事彭述平先生等的帮助和支持，感谢广大外资银行同仁的支持和大力配合，感谢中国人民银行深圳市中心支行、广州分行及总行相关领导的支持和厚爱！

对象范围应向所在地中国人民银行分支机构提交下列资料（一式三份），经所在地中国人民银行分支机构审查同意后，逐级报至中国人民银行总行审批：

①申请人董事长或行长（首席执行官、总经理）签署的、致中国人民银行行长的申请书，其内容包括：经营人民币业务或扩大服务对象范围的具体内容，拟增加的资本或总行拨付的营运资金等；

②可行性研究报告；

③拟修改的章程（只限外资法人机构）；

④拟开办业务的操作规程及内部控制制度；

⑤外资金融机构的金融业务许可证复印件；

⑥中国人民银行要求提交的其他资料。

1. 申请书应说明分行开业时间、前两年盈利情况及增加人民币营运资金（确切金额）等情况。

2. 人民币业务的操作规程及内部控制制度应分开。

（1）人民币业务操作规程是指人民币各项主要业务的操作步骤、职责分工等。主要包括以下内容：

①人民币账户的开立、撤销处理；

②支票、汇票、贷记凭证等的处理；

③资金部操作规程；

④结算部操作规程；

⑤贷款营运操作规程；

⑥会计部操作规程等。

（2）人民币业务内部控制制度是指人民币各项主要业务的风险识别、控制措施及权责牵制安排等。主要包括以下内容：

①存汇部的内控制度；

②资金部的内控制度；

③结算部的内控制度；

④信贷部的内控制度；

⑤会计部的内控制度；

⑥信贷审查委员会评审制度；

⑦电脑部的内控制度等。

3. 上述文件资料，除有权签字人签字的外，应加盖报送单位公章（此项要求也适用于其他各项报送资料）。

经中国人民银行批准后，进入准备程序。

二、准备程序

《细则》第四十条规定，外资金融机构应当在中国人民银行批准其经营人民币业务或扩大服务对象范围之日起四个月内完成下列筹备工作，并将有关资料报至所在地中国人民银行分支机构：

①将增加的资本金或营运资金调入境内，经中国人民银行认可的会计师事务所验资，并出具验资证明；

②配备符合业务发展需要的、适当数量的业务人员；

③印制拟对外使用的重要业务凭证和单据；

④配备经有关部门认可的安全防范设施。

外资金融机构未能在四个月内完成筹备工作的，中国人民银行总行原批准自动失效。

1. 外资银行营运资金（外汇）调入国内商业银行后，可以申请结汇为人民币营运资金。

2. 外资银行申请结汇应持分行行长签署的申请书、中国人民银行批准经营人民币业务的文件复印件、外汇资金进账凭证复印件到我行银行管理处和国际收支处办理手续。

3. 外资银行持申请文件到我行银行管理处开出监管事项征求意见表，监管事项征求意见表由国际收支处会签后，外资银行可凭批准意见自行到外汇交易中心银行间外汇市场结汇。

4. 结汇所得人民币营运资金应调入国内商业银行进行验资。

5. 验资会计师事务所的选择应参照银发〔2000〕358号文件规定执行。

外资银行完成筹备工作后，进入验收程序。

三、开业前辅导

为便于外资银行理解、掌握人民币业务相关法规，我行各相关业务处室应将中国人民银行近年颁布的尚在执行的关于人民币会计核算、信贷管理、现金管理等方面的规定整理出来。外资银行需要时可提供给他们学习掌握。

各处室应指定专门负责外资银行人民币业务的联系人，以便对外资银行进行相关解释和业务培训等。

在外资银行人民币业务的人员配备完成后，并在银行自身对相关人员进行了一定的业务培训和法规学习的基础上，外资银行可向银行管理处提出开业前辅导的申请。银行管理处将协同外资银行监管处、会计处、货币信贷处、统计研究处、货币发行处、营业部等相关处室对外资银行进行开业前辅导，内容包括：各处室监管和服务职能的划分、人民币业务有关政策的解释、各处室对人民币业务的监管要求，并对外资银行前期培训和学习中遇到的问题进行现场答疑。

四、验收程序

《细则》第四十一条规定，外资金融机构在筹备工作完成后应向所在地中国人民银行分支机构提交验收申请，申请书由外资法人机构的董事长或行长（首席执行官、总经理）或外国银行分行的行长或总经理签署。经验收合格后，外资金融机构持验收合格意见书和验资证明到中国人民银行总行申请换发经营金融业务许可证。验收不合格的，外资金融机构可以在接到验收通知十日后向验收机构申请复验。

1. 验收分为安全验收和业务验收两部分。

2. 安全验收工作由公安局和我行保卫处协同办理。

3. 业务验收工作由我行银行管理处、外资银行监管处、会计处等部门共同完成。

4. 业务验收工作的主要内容包括办公场地、电脑系统、业务凭证和单据、主要业务人员业务熟练程度及职责分工等。

5. 外资银行在筹备期间对相关人员进行培训的情况，人民币业务人员学习的情况应有记录备查。

6. 外资银行要进行人民币业务的试运行（模拟）。

五、复验程序

复验程序与验收程序相同，重点是完善前次验收未合格部分的工作。

六、换证及办理业务

1. 所在地人民银行分支机构下发验收合格意见书后，外资银行持验收合格意见书和验资证明到人民银行总行更换经营金融业务许可证。

2. 变更工商登记。

3. 在报纸上公告。

《细则》第四十二条规定，外资金融机构在开展批准文件所列业务前应在中国人民银行总行指定的全国性报纸和所在地中国人民银行分支机构指定的地方性报纸上予以公告。

4. 正式办理人民币业务。

《细则》第四十三条规定，外资金融机构经营人民币业务的地域范围为已允许外资金融机构经营人民币业务的城市。

第二部分 我行各相关部门应协助办理的各项工作

一、银行管理处

1. 机构的设立、变更和退出管理，股东、股本金、本外币资本金变更，金融业务许可证管理。

2. 各项金融业务的管理。

3. 高级管理人员任职资格管理。

4. 组织协调外资银行办理好业务过程中各项相关工作。

二、外资银行监管处

1. 监管外国银行分行存放生息资产业务，生息资产的人民币部分可以不低于六个月的定期存款形式存放国内商业银行或以国债方式存在，具体参照《深圳市外国银行分行生息资产管理暂行办法》执行。

2. 负责对人民币业务的非现场监测和各项合规性指标的监控。人民币业务合规性监测指标包括：法人机构资本中的人民币份额及外国银行分行营运资金加准备金等之和与风险加权资产中的人民币份额的比例不得低于 8%；人民币的流动性指标不得低于 25%。

3. 负责对外资银行人民币业务进行现场检查，检查内容包括人民币业务的资产质量、内部控制和管理、盈利性、流动性、资本/营运资金充足性以及合规性等。

4. 负责业务验收中的内部控制情况和相关人员对业务熟悉程度等的验收。

5. 其他相关工作。如：就人民币业务非现场报表的填报、人民币业务合规性指标计算和考核等一般性业务问题提供咨询等。

三、国际收支处

1. 协助办理外资银行结汇事宜，做好审核会签工作。

2. 办理外资银行人民币营运资金验资询证工作。

3. 协助处理外资银行涉及外汇管理其他有关事宜。

4. 其他相关工作。

四、会计处

1. 贯彻执行支付结算及账户管理法规。

2. 组织和管理本市支付结算工作。

3. 负责全市结算投诉、咨询。

4. 参与深圳支付结算管理系统的审批。

5. 办理银行本票业务的审批。

6. 参与深圳实时全额支付系统的审批。

7. 参与中国人民银行电子联行的审批。

8. 签发银行汇票以及委托人民银行代理兑付银行汇票的审批。

9. 其他相关工作。

五、营业部

1. 协助外资银行开立人民币准备金账户，协助外资银行进行人民币资金清算。

2. 督促外资银行缴存存款准备金。

3. 其他相关工作。

六、货币信贷处

1. 贯彻执行国家制定的金融法律、法规和政策，贯彻执行人民银行总行和广州分行的货币信贷政策。

2. 根据人民银行授权，依法、合规监管本辖区内金融机构的货币信贷资金运行情况，制定符合本辖区实际的各项货币信贷政策。

3. 执行人民银行的再贷款政策，为符合在贷款条件的金融机构提供再贷款服务。

4. 执行人民银行的再贴现政策，为符合条件的金融机构提供再贴现服务。

5. 执行人民银行的存款准备金政策，监测金融机构的支付能力。

6. 管理辖内金融机构各项业务的本外币利率政策，监控辖内金融机构的本外币利率风险。

7. 发布辖内货币信贷政策指引，合理引导金融机构的信贷投向。

8. 执行人民银行关于货币市场的政策，监督管理本辖区货币市场的运行。

9. 对同业拆借市场成员的市场交易行为进行备案管理，及时监控市场交易风险。

10. 制定辖内票据业务发展政策，监督票据市场的运行。

11. 协调、组织辖内金融机构的金融债权管理工作。

12. 其他相关工作。

七、货币发行处

1. 监控外资银行人民币现金管理业务。

2. 办理反假人民币技术培训及假币收缴业务。

3. 其他相关工作。

八、统计研究处

1. 协助外资银行进行《金融统计监测管理信息系统》数据报送软件的调试工作，此软件由总行对外资银行直接下发。

2. 监控外资银行按时上报统计数据。

3. 组织外资银行参加银行信贷登记咨询系统。

4. 协助外资银行开展银行信贷登记咨询系统培训、安装、维护等工作。

5. 监控外资银行遵守《银行信贷登记咨询系统管理办法》的有关规定。

6. 其他相关工作。

九、保卫处

1. 协助外资银行与公安局共同做好营业场地安全验收等工作。

2. 协助外资银行增强安全保卫意识，做好安全保卫防范工作，与市公安局共同检查落实。银行安全保卫主要内容是加强人防、物防、技防建设。人防工作包括安全防范意识教育，保卫组织建设等；物防工作包括营业厅、金库、运钞车等安全设施建设；技防包括闭路电视监控，报警设施建设，通信设施建设等。

3. 其他相关工作。

第三部分 业务法规及汇编

一、综合类

1. 《中华人民共和国中国人民银行法》。

2. 《中华人民共和国商业银行法》。

3. 《金融企业会计制度》（鼓励执行）。

4. 《中华人民共和国票据法》。

5. 《中华人民共和国担保法》。

6. 《中华人民共和国公司法》。

7. 《中华人民共和国外资企业法》（1986 年 4 月）。

8.《中华人民共和国外资企业法实施细则》（2001 年 4 月）。

二、外资银行管理类

1.《中华人民共和国外资金融机构管理条例》。

2.《中华人民共和国外资金融机构管理条例实施细则》。

3. 关于《条例》和《条例实施细则》相关问题请示的答复（银管发〔2002〕2 号）。

4.《外国金融机构驻华代表机构管理办法》。

5.《关于并表监管外资银行在华总体经营情况的通知》（银办发〔1999〕210 号）。

6.《关于印发〈外资银行并表监管指导意见〉的通知》（银办发〔2000〕263 号）。

7.《关于调整外资银行并表监管工作分工的通知》（银办发〔2001〕162 号）。

8.《关于并表监管有关问题的批复》（银监管〔2001〕35 号）。

9.《贷款风险分类指导原则》（银发〔2001〕416 号）。

10. 关于推广《外资银行非现场监测分析系统》的通知（银科发〔2000〕82 号）。

11.《外资银行外部审计指导意见》（银发〔1999〕157 号）。

12.《关于组织外资银行进行三方会谈有关事项的通知》（银办发〔2000〕6 号）。

13.《委托注册会计师对外资金融机构进行审计管理办法》（1996 年实施细则的附件）。

14.《关于加强对外资金融机构存款准备金管理的通知》。

15.《外资金融机构存款准备金缴存管理办法》（1996 年实施细则的附件）。

16.《关于扩大上海、深圳外资银行人民币业务范围的通知》（银发〔1999〕243 号）。

17.《中国人民银行关于落实网上银行业务管理暂行办法有关规定的

通知》。

18.《网上银行业务管理暂行办法》（银发〔2002〕102号）。

19.《中国人民银行办公厅关于外资银行报送统计数据有关问题的通知》。

20.《商业银行设立同城营业网点管理办法》。

21.《银行贷款损失准备金计提指引》（银发〔2002〕98号）。

22.《商业银行信息披露暂行办法》。

23.《深圳市外国银行分行生息资产管理暂行办法》。

24.《关于报送银行监管一司报表、资料及事项的通知》（银办发〔2001〕308号）。

25.《关于批准部分外资银行加入全国同业拆借市场的通知》。

26.《关于外资银行办理信用证和保函业务有关问题的通知》（银办发〔2001〕350号）。

27.中国人民银行办公厅关于经营人民币业务的外资银行费用分摊有关问题的批复（银办函〔2001〕902号）。

28.中国人民银行办公厅有关外资银行B股清算账户存款余额有关问题的批复。

29.关于《延长对外资金融机构聘用中方高层管理人员规定期限》的通知。

30.《关于加强外资金融机构营业许可证管理的通知》银监管〔2000〕12号。

31.关于印发《外国银行撤销在华营业性分支机构操作指引》的通知（银发〔1999〕138号）。

32.《中国人民银行关于变更外资金融机构在华设立机构申请表及其发放程序的通知》。

33.《财政部、税务总局、人民银行关于外资金融机构经营人民币业务有关税收问题的通知》。

34.《关于外资金融机构市场准入有关问题的通知》（银发〔2001〕

381 号）。

35. 中国人民银行关于《中华人民共和国外资金融机构管理条例实施细则》颁布后外资金融机构市场准入有关问题的通知（银管发〔2002〕1号）。

36.《股份制商业银行公司治理指引》。

37.《中华人民共和国外汇管理条例》。

38.《结汇、售汇及付汇管理规定》。

39.《外资银行结汇、售汇及付汇业务实施细则》。

三、会计结算类

1.《支付结算办法》。

2.《银行账户管理办法》。

3. 会计结算法规汇编。

四、货币信贷类

（一）再贴现业务

1. 关于印发《商业承兑汇票承兑、贴现与再贴现管理暂行办法》的通知（银发〔1997〕216 号）。

2.《关于加强商业汇票管理促进商业汇票发展的通知》（银发〔1998〕229 号）。

3.《关于进一步规范和发展我市票据业务有关事项的通知》（深人银发〔2000〕310 号）。

4.《关于进一步加强再贴现业务管理的通知》（广州银发〔2000〕318号）。

5.《中国人民银行广州分行商业汇票承兑、贴现、再贴现操作管理规程》（广州银发〔2001〕36 号）。

6.《关于加强再贴现业务管理的通知》（广州银发〔2001〕46 号）。

7.《中国人民银行广州分行商业汇票转贴现业务指引》。

8.《中国人民银行广州分行再贴现业务市场准入与退出管理办法》（广州银发〔2001〕174 号）。

（二）再贷款业务

《转发中国人民银行关于印发〈中国人民银行分行短期在贷款管理暂行办法〉的通知》（广州银发〔1999〕274 号）。

（三）利率政策

1.《储蓄管理条例》（国务院〔1992〕107 号）。

2.《人民币单位存款管理办法》（银发〔1997〕485 号）。

3.《通知存款管理办法》（银发〔1999〕3 号）。

4.《人民币利率管理规定》（银发〔1999〕77 号）。

5.《关于对保险公司试办协议的通知》（银发〔1999〕351 号）。

6.《关于进一步扩大对中小企业贷款利率浮动幅度等问题的通知》（银传〔1999〕39 号）。

7.《关于加入世贸组织后外币存贷款利率管理问题的公告》（中国人民银行公告〔2002〕第 4 号）。

8.《中国人民银行关于商业银行开办全国社会保障基金协议存款的通知》（银发〔2002〕40 号）。

（四）存款准备金制度

1.《关于改革存款准备金制度的通知》（深人银发〔1998〕136 号）。

2.《关于下调法定存款准备金率的通知》（银传〔1999〕58 号）。

（五）信贷业务

1.《贷款通则》（中国人民银行令〔1996〕第 2 号）。

2.《个人住房贷款管理办法》（银发〔1998〕190 号）。

3.《汽车消费贷款管理办法》（银发〔1998〕429 号）。

4.《单位定期存单质押贷款管理规定》（银发〔1999〕302 号）。

5.《证券公司股票质押贷款管理办法》（银发〔2000〕40 号）。

6.《中国人民银行关于规范住房金融业务的通知》（银发〔2001〕195 号）。

7.《中国人民银行关于严禁发放无指定用途个人消费贷款通知》（银发〔2001〕330 号）。

（六）同业市场规章制度

1.《关于进一步规范场外资金拆借业务报备制度的通知》（深人银货信〔2001〕31 号）。

2.《关于全国银行间债券市场备案管理有关事宜的通知》（中国人民银行令〔2000〕第 2 号）。

五、现金管理类

1.《储蓄管理条例》（国务院〔1992〕第 107 号令）。

2.《关于印发〈现金管理暂行条例实施细则〉的通知》（银发〔1988〕288 号）。

3. 关于严禁公款转为储蓄存款的通知（银发〔1997〕58 号）。

4. 关于印发《深圳市大额现金支付登记备案制度实施细则》的通知（深人银发〔1997〕147 号）。

5. 关于下发《深圳市国内金融机构存贷款备案制度》的通知（深人银发〔1997〕261 号）。

6. 转发中国人民银行《关于大额现金支付管理的通知》的通知（深人银发〔1997〕433 号）。

7. 转发中国人民银行《关于加强金融机构个人存取款业务管理的通知》的通知（深人银发〔1997〕481 号）。

8. 关于严禁利用信用卡、银行卡、支付卡违法套取现金的通知（银发〔1998〕136 号）。

9.《中华人民共和国人民币管理条例》（国务院令〔2000〕第 280 号）。

10. 关于进一步完善现金管理有关问题的通知（深人银发〔2000〕304 号）。

11. 关于个人存取款业务管理有关问题的批复（银办函〔2000〕816 号）。

12. 转发中国人民银行广州分行《关于进一步加强现金管理的通知》的通知（深人银发〔2001〕13 号）。

13. 关于加强现金管理防止洗钱活动有关事项的通知（深人银发〔2001〕139 号）。

14. 转发中国人民银行广州分行《转发中国人民银行关于进一步加强和改进现金管理有关问题的通知》的通知（深人银发〔2001〕153 号）。

15. 关于建立元旦春节期间现金投放回笼监测分析制度的通知（广州银发〔2001〕354 号）。

16. 关于转发《中国人民银行关于个人存款当日存取有关问题的通知》的通知（深人银发〔2001〕406 号）。

17. 中国人民银行关于进一步加强大额现金支付管理的通知（银发〔2001〕430 号）。

六、调查统计类

1. 关于印发《金融统计管理规定》的通知（银发〔1995〕323 号）。

2. 金融违法行为处罚办法（国务院令〔1999〕第 260 号）。

3. 关于外资银行报送统计数据有关问题的通知（银办发〔2000〕129 号）。

4. 银行信贷登记咨询系统管理办法。

七、安全保卫类

1. 关于银行库房、营业网点防范设施的暂行规定（深人银发〔1996〕232 号）。

2. 印发广东省金融系统营业网点安全防护暂行规定（广东省公安厅、中国人民银行广东省分行粤公通字〔1997〕41 号）。

3. 关于印发《金融机构营业场所、金库安全防护暂行规定》的通知（中国人民银行、公安部银发〔1998〕588 号）。

4. 转发中国人民银行、公安部关于印发《金融机构营业场所、金库安全防范暂行规定》的通知（中国人民银行广州分行、广东省公安厅广州银发〔1999〕9 号）。

5. 转发中国人民银行、公安部《关于印发〈金融机构营业场所、金库安全防护暂行规定〉的通知》的通知（中国人民银行深圳市中心支行、深圳市公安局深人银发〔1999〕93 号）。

第四部分　业务联系人及联系电话

处室	负责人	电话	业务联系人	联系电话
银行管理处	栾锋	25590240-289	彭述平 欧阳韶辉	25590240-308、 25590240-356
外资银行监管处	吕虹	25590240-212	陈飞鸿	25590240-446
国际收支处	陈维华	82110173-174	蔡瑞文	82110200
会计处	于松柏	25590240-261	方镇强	25590240-336
货币信贷处	李惠群	25590240-301	甄畅	25590240-306
营业部	宫强	25590240-418	钟健 倪日新 陈小兰	25590240-147 25590240-135 25590240-134
货币发行处	李治刚	25590240-157	杜莹 栾青	25590240-159 25590240-160
统计研究处	郭柱	25590240-373	杨晖 郭艾	25590240-627 25590240-321
保卫处	李乐夫	25590240-178	张明	25590240-165

附件：

附件一　会计结算相关机构及联系电话

附件二　外资银行办理人民币业务与营业部相关事项

附件三　货币信贷管理处主要业务办理程序

附件一 会计结算相关机构及联系电话

项 目	单位名称	联系电话
参与同城票交及小额批量系统	深圳金融电子结算中心	0755-83302693
支票印制	深圳光华印制公司	0755-82056731
本票印制	海南华森印务公司	0898-68513535
本票编押机	深圳亚捷公司	0755-83317888
本票专用章刻制	苏州刻制厂	0512-65231127

附件二 外资银行办理人民币业务与营业部相关事项

人民银行营业部职能：为金融机构办理人民币存款、再贷款、再贴现、资金清算、现金业务，负责法定存款准备金管理、外汇存款准备金管理。

一、"准备金存款"账户的开户和使用

（一）开户

开户须提供以下资料：①开户申请书（见附件一）；②《经营金融业务许可证》正本原件、复印件；③《营业执照》正本原件、复印件；④《企业法人代码证书》原件、复印件；⑤有关部门批准开办人民币业务文件；⑥法人授权委托书；⑦经办人员会计证复印件；⑧盖有存款人印章（单位公章及法定代表人或其授权代理人的盖章）的印鉴，印鉴上非法定代表人盖章的要提供法人授权委托书。

印鉴卡上印章必须使用牛角印章，不能使用原子印章。公章为圆形或椭圆形，直径44毫米左右，私章直径20毫米左右。留一个公章、一个或两个私章。

当天更换印鉴次日生效，不得当天更换，当天使用。

欲更换预留人民银行印鉴公章时必须注意的是：在公安局交回旧章换取新章前，要先在新的印鉴卡背面盖上原预留章。

（二）"准备金存款"账户的使用

1. 核算内容。根据《关于改革存款准备金制度的通知》及有关制度，"准备金存款"账户核算金融机构全系统的法定准备金及系统内资金调拨、资金清算、领缴现金以及与金融机构之间的日常支付款项，不办理金融机构与企业之间的信贷、结算业务。

2. 购买支票。应填写空白凭证领用单（一式二联）。在空白凭证领用单第一联或在支票头加盖预留人民银行签章，经人民银行人员核对填写正确、签章相符、收取工本费和手续费后，第二联交给存款人，凭单到柜台领取支票。人民银行发售支票每个账户一般一次一本。

3. 存款人撤销、合并、结清账户时，应将未用空白支票填列两联清单全部交回切角作废，一联清单由人民银行盖章退交存款人。

4. 有关处罚：①对日间出现透支的，人民银行按深人银发〔2001〕202 号《关于金融机构违反支付清算管理制度与存款准备制度的处理程序》的有关规定给予处罚。②对签发空头支票、签章与预留签章不符的，人民银行依据《支付结算办法》，按票面金额的 5% 但不低于 1000 元处罚。

二、人民币法定存款准备金的管理

人民银行于每日日终按上旬一般缴存款余额的 6% 考核其存款准备金率，日间，只控制其存款账户的透支行为。

1. 缴存款时间：每月 3 次，按旬考核，旬后 5 日前（最后一天为假日则顺延）报送。

2. 缴存款报送资料：法人按旬将汇总的全行旬末一般存款余额表及每旬最后一天的日计表（人民币业务）报送人民银行营业部。

3. 有关处罚规定：①对每日日终准备金存款余额低于上旬末一般存款余额 6% 的，人民银行依据《关于改革存款准备金制度的通知》对其不足部分每日按万分之六的利率处以罚息。②不按时报送旬末一般存款余额表和日计表的，人民银行依据《中华人民共和国商业银行法》第七十八条予以处罚（责令改正，逾期不改正的处以 1 万元以上 10 万元以下罚款）。

三、外资银行在人民银行营业部办理现金业务应注意事项

1. 缴存现金时，应遵循出纳制度，达到"五好"钱捆要求及做好反假工作。

2. 提取现金时，应保持固定人员。当提取金额超过 100 万元时，应先与我行联系。

3. 每月月末日电话上报缴款数与提款数的总计。联系人：陈小兰，联系电话：25590240-134。

4. 双方签订协议书，一式两份。

四、其他注意事项

1. 签发支票应使用碳素墨水或墨汁填写，支票日期必须用中文大写填

写，汇兑凭证记载的委托日期必须是汇款人向汇出银行提交汇兑凭证当日。

2. 支票的提示付款期限为自出票日起 10 天内，到期日遇例假日顺延。

3. 支取现金，应在支票背面背书，并按银行要求交验有关证件。支取现金必须符合银行账户管理和现金管理的规定。

4. 支票收款人委托银行收取票款，应在支票背书作成委托收款背书，收妥抵用。付款行参加两场交换的须在上午 10：30 前交票，则次日上午可收妥抵用；付款行参加一场交换的，后天上午可抵用。收妥抵用原则上是隔场入账。

5. 需要人民银行转汇的业务，应在提出交换的凭证上加盖提出行的业务公章及票据交换章，并附邮费清单。

6. 票据需要在人民银行提出交换的，上午 10：30 前交票且收款行参加两场交换的，可上午提出；下午 4：30 前交的票则第二场交换提出。下午 4：30 后为人民银行内部结账时间，不再对外接票。

7. 汇费、邮费收费标准：通过电子联行走的，收费标准按深人银发〔2001〕195 号文执行；通过人民银行非电子联行的收取邮电费及手续费共 6.5 元一笔。

8. 同城电子清算系统收费标准，按深人银发〔2001〕397 号文执行。

五、业务处理时间和到账参考时间

向外发出的结算凭证，人民银行于当日至迟次日寄发，收到结算凭证后及时将款项支付给收款人。结算的时间，同城一般不超过 2 天，异地全国直接通汇行之间，电汇一般不超过 4 天，信汇一般不超过 7 天。

六、会计业务联系人

倪日新，联系电话：25590240 转 135。

附件三　货币信贷管理处主要业务办理程序

一、同业拆借

金融机构申请成为全国银行间市场成员，应向中国人民银行报送以下书面材料：

1. 申请书；

2. 经营有关金融业务法人许可证（复印件）；

3. 《法人营业执照》（副本复印件）；

4. 验资报告；

5. 经会计师事务所审计的最近一年的年度财务报告，商业银行的资产负债比例管理监控指标表；

6. 同业拆借未到期余额、明细情况说明书；

7. 同业拆借内控制度和内部管理办法；

8. 负责同业拆借的部门和人员情况；

9. 中国人民银行要求提供的其他材料。

二、网下拆借

市场成员与非市场成员之间、非市场成员之间进行同业拆借，应向中国人民银行备案。

（一）须提供的材料

1. 与非银行金融机构发生首笔场外资金拆借业务的商业银行，必须提供交易对手营业执照、经营金融业务许可证复印件。

2. 各法人商业银行应提供与非银行金融机构进行场外资金拆借的额度和期限清单；各商业银行分行应提供其总行核定下达的授权拆借总额度和期限批件复印件，以及对单个拆借对象的授权额度和期限清单及批件复印件。期限截止后，如需继续进行场外资金拆借，应上报新的清单和批件复印件。

3. 场外资金拆借备案登记表一式三份（人民银行、拆出方、拆入方各存一份）；双方交易合同复印件。

（二）报备时间与报备方式

每笔交易资金划账后三个工作日内以书面形式报备。

三、再贴现业务的审查

商业银行可以向中国人民银行申请办理再贴现业务，但商业票据的合法性、真实性须经中国人民银行审查。人民银行按照"积极发展、审慎办理"的原则予以办理。

（一）应具备条件

1. 再贴现的对象是在中国人民银行及其分支机构开立存款账户的商业银行、农联社，经人民银行总行批准的其他非银行金融机构；

2. 再贴现的利率由人民银行总行制定、发布与调整；

3. 再贴现的期限不超过 6 个月；

4. 票据必须具有真实的商品和劳务交易、债权债务关系。

（二）须提交的材料

1. 再贴现申请书（一式三份）；

2. 再贴现凭证（一式五份）；

3. 申请再贴现汇票清单（一式两份）；

4. 申请再贴现汇票清单的磁盘；

5. 商业汇票的原件及复印件；

6. 票据承兑查询书及复印件；

7. 贴现凭证复印件；

8. 商品交易合同复印件；

9. 增值税发票原件及复印件。

（三）办理程序

1. 中国人民银行随时接受申请。

2. 审查时限为 3 个工作日（含申请日和出账日），出账日为申请日后第二个工作日，节假日顺延。

3. 出账日在人民银行营业部办理出账手续，资金到账。

4. 到期日，人民银行按照回购协议，从商业银行在人民银行的准备金账户上扣款。

四、短期再贷款

商业银行的资金头寸不足时，可以向当地中国人民银行各分支机构申请期限不超过 3 个月的贷款。

短期再贷款种类：信用贷款和质押贷款两种。

档次分为：3 个月以内、20 天以内和 7 天以内三个档次。

（一）应具条件和对象

1. 再贷款的对象是经中国人民银行批准，持有中国人民银行颁发的《经营金融业务许可证》，并向中国人民银行开立准备金存款账户的金融机构。

2. 借款人具有法人资格，应足额存放存款准备金；不具有法人资格的，应在申请贷款之前 3 个月内未发生透支行为。

3. 资信良好，能按期归还短期再贷款。

4. 中国人民银行规定的其他条件。

（二）须提交的材料

1. 近期资金头寸变化情况；

2. 再贷款申请报告；

3. 再贷款申请书（一式三份）；

4. 再贷款凭证（一式五份）；

5. 签订《借款合同》（质押贷款的还同时签订《质押担保合同》）。

（三）办理程序

1. 随时接受申请；

2. 经办人员审查、复核；

3. 信贷管理部门负责人审核；

4. 主管行长批准；

5. 随办随批。

二

形势分析

新形势对中国银行业发展的影响[*]

目前，中国银行业在资本实力、资产质量等方面已处于国际先进水平，经营管理能力和风险控制水平也有长足进步，中国银行业在国际金融体系中将发挥越来越重要的作用。在国际金融危机对世界经济影响不断深化、中国社会大转型和国内经济发展放缓的大背景下，我国银行业发展会受到什么影响？

一、资产证券化大发展，金融创新不断深化

目前，我国银行业机构的发展陷入了一个"怪圈"：绝大部分机构盲目追求规模扩张，在现有资本基础上，不断扩大存贷款规模，导致风险资产很快超过资本支撑能力。上市银行年年增发、再融资或者发行资本性债券，未上市的机构每年或隔年的重要任务也是增资扩股，银行股东不堪"需索"重负。合格投资者普遍觉得这种经营模式不可持续，但在市场压力下又不得不进入"恶性循环"，一定程度上形成对银行业投资的"厌恶"。这种情况下出现了银行业股东准入门槛降低的现象，致使银行业利益主体更加多元而复杂，非"专业"投资者的过多进入容易导致对银行业经营标准的引导"跑偏"，银行业发展方向上的不确定性大大增加。事实上，由于银行业服务于社会经济所有行业，长期看银行业发展速度应与经

---

[*] 本文于 2013 年 10 月发表于《银行家》第 10 期。

济发展速度基本一致，通俗来说就是银行业总资产增长速度应与 GDP 增长速度相仿。但近年来，我国银行业总资产增长速度均在 20% 左右（不包括"影子"银行规模），大大高于 9% 左右的 GDP 增长速度，积累了较多的"泡沫"。因此，银行业资产负债表优化成为当今中国金融业一个非常重要的问题，甚至可以说是解决经济困难的首要问题。资产证券化是银行业"去杠杆"的重要手段，也是有序提高银行业竞争力的合理步骤，还是完善金融市场产品体系的重要工作内容，同时又是较多金融创新过程的必要环节，并且是券商创新业务的重要组成部分，需大力发展，当然也需要加强监管。

随着国际资本回流、国内资金外投以及信息社会的发展，信息传播速度不断加快，我国银行业竞争日趋白热化。随着社会转型和产业升级的不断深化，金融脱媒、利率市场化的迅速发展，以及互联网金融的兴起，我国银行业金融创新将不断深化，银行业与证券业、保险业以及风险投资等行业的合作也日益加强。金融产品的丰富程度和人民群众的金融服务满意度将有较大提高，银行业经营水平和管理能力将不断提升，金融监管的复杂程度和协调难度也将大大提高。

二、银行业面临大整合，并购重组风生水起

当前我国经济虽然不会再延续高速发展态势，但长期平稳发展的社会基础还比较牢固，经济转型升级已提上议事日程，坚持下去必有建树，城镇化发展将带来较好的机会，中国社会经济生活中老百姓的"高储蓄率"是经济发展的"磐石"，尤其是在中国经济"去杠杆化"的过程中。虽然机遇仍在，但银行业生存发展面临的挑战也十分巨大：一是国际经济形势不容乐观，出口增速回落的同时伴随着国际资本回流和国内资本国际化的现象。二是我国产业基础还比较薄弱，高新技术产业形成气候尚需时日。三是消费需求在稳定增长的基础上很难有更大提升。四是财政增收困难较大，政府投资能力受到限制。五是企业经营状况不佳，银行业面临信用风

险增大的困难。六是利率市场化压缩了银行的利润空间。七是直接融资的发展使得金融脱媒日益成为趋势。八是第三方支付公司及互联网金融的迅猛发展快速吞食银行业务。九是成本刚性上涨，银行业盈利能力存在下降趋势。十是竞争的加剧压缩了银行业生存空间。

近年来，因经济发展困难、资金链出现问题而引发的企业信用风险将陆续显现，风险的传导将由东向西，从沿海到内陆，银行业经营将面临极大压力，我国经济运行将受较大影响，经济下滑的程度将较大，持续时间也可能比较长。未来3~5年以至更长一段时间，将有一些银行业机构步入亏损乃至破产境地，我国银行业将进入新一轮整合期，银行业并购重组将成为经济生活中的重要内容。在这一过程中，以银行为核心的全牌照的大型金融控股集团将逐渐成为发展趋势。当前以企业实体、资产管理公司、担保公司、保险公司等为核心的金融控股集团也将逐步转为以银行为核心，并且金融控股集团的牌照将越来越齐全，包括银行、资产管理公司、信托公司、融资租赁公司、证券公司、基金公司、期货公司、投资公司、财富管理机构、产品交易所、产权交易所、电子商务金融平台等，金融资本与实业资本的融合将越来越深入，金融"航母"将越来越成为社会生活中的主导力量。

三、市场主体日益复杂，民营银行应运而生

当前金融体系下，市场主体已经十分复杂，所代表的社会层面和经济利益也盘根错节。尽管以民生银行、浙江泰隆银行等为代表的"民营银行"发展非常迅速，目前金融体系下金融主体尤其是银行业从根子上还存在"泛国有化"倾向，主要体现在管理"官僚化"、运行"行政化"、地方政府参股、投靠央企发展等，这是由于在我国社会和经济运行中政府占据主导地位。这种情况优势十分明显：政府信用支撑，决策比较高效，规模迅速膨胀。但弊病也很突出：资源配置失灵，严重浪费和极度短缺并存，影响社会经济平衡和可持续发展；市场化程度不高，金融服务满意度

低；银行业规模扩张过快，管理不相匹配；政府信用过度，债务庞大，潜藏巨大风险。在政府转变职能，放宽各项管制的背景下，民营银行对解决这些弊端有着天然的优势。我们应该看到，民营银行发展的早期很可能存在目光短浅、人才短缺、管理短板等劣势，所以加强监管势在必行。但在专业金融投资机构飞速发展的今天，民营机构一定会充分发挥决策高效、机制灵活、激励到位的优势，迅速实现较快发展和较佳业绩。并且从利益趋向看，民营机构发展与监管要求指向更加一致，监管部门对非官方主体的惩治措施和处罚要求更容易不折不扣地被执行，民营机构良好发展更有可能帮助解决好"监管扭曲"问题。

中国金融现行运行体系对我国改革开放以来的社会经济发展做出了巨大贡献，功不可没，但也逐步暴露出与发展的现实有较多的不适应。民营银行的发展、民营体系的建立和全面推进，对完善市场经济体系，和谐社会生态，健全"游戏"规则，将起到良好的推动作用，也更符合新时代的发展方向。

日本经济金融发展状况及其启示[*]

1990 年以来，日本经济陷入了一个较长的衰退期，直到近年来才有了明显的复苏迹象。由于我国经济发展与日本有不少相似之处，日本的经验和教训值得我们深思。

一、日本经济金融发展状况

（一）投资仍未走出下降通道

尽管日本经济是以民间资本为主的市场经济，但日本政府对国内产业的过度保护、巨额公共资金投入以及长期对企业无节制扩张的纵容是近半个世纪以来日本发展的鲜明特色，日本经济既从中受益，也深受其害。日本长期维持财政赤字，2006 年一季度财政赤字占 GDP 的比重高达 151%[①]，为全球最高。2000~2003 年日本政府最终消费支出分别为 84 万亿日元、86万亿日元、88 万亿日元和 88 万亿日元，四年平均高达 86.5 万亿日元，比前十年平均数（70.4 万亿日元）提高了 16.1 万亿日元，增幅达 22.9%[②]。但从 1998 年以来，日本公共投资一直处于下降之中，从 1998 年的 40 万亿日元逐步降至 2005 年的 23 万亿日元。虽然日本固定资产投资 2004 年和

---

[*] 本文成于 2006 年 8 月，后收录于《银行业发展与监管探索（Ⅱ）——来自一线的报告》（中国金融出版社 2007 年版）。

[①] 日本：《高企财政赤字限制削减企业税的选择余地》，2006 年 6 月 16 日，世华财讯。

[②] 日本总务省统计局网站，http://www.stat.go.jp。

2005 年分别增长了 5.8% 和 12.7%，但日本国内总资本形成却从 1998 年的 149 万亿日元下降至 2003 年的 119 万亿日元，是近十年来的新低。

（二）生产有上升迹象

日本金融危机的根源是日本经济产能过剩、劳动力雇佣过剩和债务过剩，但日本企业在过去的几年中已经逐步摆脱了上述"三个过剩"的阴影，日本经济出现转机。2005 年日本经济增长了 2.8%[①]，GDP 实现 4.7 万亿美元[②]。国际投资状况持续改善，2004 年日本海外净资产增长 7.5%，达到创纪录的 185.8 万亿日元[③]。日本企业生产能力（主要指设备）基本平衡；产品库存有所增加，2005 年和 2006 年第一季度均增长 14%；人员缺口增大，2005 年底为 4%，2006 年第一季度为 7%；亏损企业数逐年下降。

（三）消费逐步趋旺

2006 年 6 月，日本家庭月均收入为 68.5 万日元，比上年下降 6%；月均生活花费 30.2 万日元，比上年下降 3.4%（除医疗和教育支出上升外，其余项目均下降）；日本生活消费指数为 -2.2%[④]。但以 910 种产品为基准的国内企业物价指数（以 2000 年为 100），从 2001 年的 97.7 一直下滑至 2004 年的 96.1，2005 年上升至 97.7，2006 年 7 月更是升至 101.3[⑤]，创 8 年来的新高。2006 年 6 月消费品物价同比上涨 1%。

（四）失业率连年下降

2005 年日本的失业人数平均为 294 万人，比 2004 年减少了 19 万人，失业率也从 2004 年的 4.7% 下降至 4.4%，2006 年 6 月更降至 4.2%，为 7 年来的最低水平。

---

① 《日本上季度 GDP 增长 5.5%》，联合早报，2006 年 2 月 18 日。
② 世界银行全球 GDP 资源部。
③⑤日本银行网站，http：//www.boj.or.jp。
④ 日本总务省统计局网站，http：//www.stat.go.jp。

（五）金融活动频繁

2005 年日本衍生产品交易合约值达到 23.1 万亿美元，其中场外合约为 16.5 万亿美元（利率合约和汇率合约分别为 14.2 万亿美元和 2.3 万亿美元），交易所合约为 6.6 万亿美元。日元汇率由 2001 年的 122（1 美元兑换 122 日元，下同）上升到 2004 年的 108，之后又逐步下降至 2006 年 6 月的 115 左右。日经指数从 2000 年的 2 万点一路下滑至 2003 年的 7607 点，后逐步回升至 15500 点左右。日本的国际银行业十分发达，国外银行业金融机构在日本的资产量和负债量分别达 13690 亿美元（其中发达国家、离岸中心和发展中国家银行业金融机构资产量分别为 11022 亿美元、2092 亿美元和 481 亿美元）和 4718 亿美元（其中发达国家、离岸中心和发展中国家银行业金融机构负债量分别为 3240 亿美元、1156 亿美元和 171 亿美元）。

（六）零利率时代终结

日本银行于 2006 年 7 月启动了近六年来首次加息，将基准利率提升至 0.25%，宣告日本零利率时代的终结。日本银行于 8 月 8 日公布，2006 年 2~7 月银行贷款连续六个月保持增长，7 月增长 2.2%（剔除汇率等因素，实际贷款增长 2.9%），创十年来最大增速①。日本经济正处于近十多年来增长最强劲的时期，表明日本经济的春天快到了。

二、日本银行业发展特点

（一）企业状况好转，银行效益回升

2003 年日本银行业结束了长达 10 年的亏损局面。2004 会计年度，银行业不良资产从 2002 年 3 月的 43.2 万亿日元下降到 2005 年 3 月的 17.9 万亿日元，不良资产率也从 8.4% 下降至 2.9%。2005 会计年度，日本主要

---

① 朱周良：《日银行放贷增速创十年新高》，上海证券报，2006 年 8 月 9 日。

银行实现净利润 3 万亿日元，同比增长 2.4 万亿日元，主要原因是企业状况好转，以前年度计提的坏账准备回拨为利润。2006 年 3 月末贷款损失专项准备金余额为 2.9 万亿日元，同比下降 1.5 万亿日元，降幅达 34%。资本充足率达 12.2%，同比提高了 0.6%。不良贷款余额为 13.4 万亿日元，同比下降了 4.6 万亿日元，降幅达 25.7%。不良贷款率为 1.8%，同比下降了 1.1%[①]。

(二) 并购高潮迭起，规模不断扩大

早在 2001 年，日本银行业就掀起了并购潮，11 家大银行经过一番分化组合，形成了四大金融集团：由东京三菱银行、三菱信托银行、日本信托银行组成的三菱东京金融集团；由三和银行、东海银行和东洋信托银行组成的日联集团（UFJ）；由樱花银行和住友银行合并组成的三井住友银行集团；由第一劝业银行、富士银行和日本兴业银行组成的瑞穗金融集团。重组后，日本四大金融集团的规模在当时都位居世界前列。其中瑞穗金融集团总资产当时高达 141 万亿日元，是全球规模最大的银行。四大金融集团的贷款额占了日本贷款总额的一半以上。2006 年 1 月 1 日，合并后的三菱东京日联金融集团正式开业，以 162.7 万亿日元（约合 1.4 万亿美元）的总资产成为世界最大银行。在银行业不断并购并壮大实力的同时，虽然也存在不同银行间企业文化冲突等问题，但日本独有的终身雇佣制发挥出了巨大作用，每次并购都未造成大的震荡。

(三) 市场定位清晰，业务发展全面

日本银行业金融机构市场定位比较清晰，分为大型全能银行、地区性银行（城市银行）和专业性金融组织（长期信用银行，信托银行，信用金库，信用社，劳动金库，农、林、渔业合作社等[②]），各类机构定位清晰，

---

① 日本金融厅网站，http：//www.fsa.go.jp。

② （日）鹿野嘉昭：《日本的金融制度》，余燆宁译，余明校，中国金融出版社 2003 年版，第 244 页。

业务交叉较少。大型全能银行中，也都细分为批发性银行和私人银行。例如，瑞穗金融集团将其业务整合为专门从事批发性业务的公司银行和从事零售业务的个人银行；三菱东京日联金融集团也将其业务整合为专门从事批发性业务的公司银行和从事零售业务的个人银行和信托银行。

日本银行业发展全面，业务创新比较活跃，引领世界金融市场发展。中间业务发展较好，金融衍生业务全面开展，各类期货、期权业务都有较大的市场，既为广大客户提供了避险和投机的可能，也给银行带来了一定收益。

（四）综合化经营，全能银行面临全面风险

日本银行业长期实行混业经营，各大型银行集团都涉足银行、证券、保险、信托、实业投资等行业，必然面临上述各行业的风险。1997 年亚洲金融危机爆发后，为有效防范和化解风险，日本银行和日本金融厅采取了不少措施。例如，为应付巨额不良贷款问题，日本政府向银行业注资 36 万亿日元。为解决股价变动严重影响银行资产质量的问题，日本政府规定在 2004 年之后，银行持有股票市值不得超过其注册资本。2002 年，日本 15 家大银行的注册资本为 17 万亿日元，持有的股票市值却高达 25 万亿日元（许多大型上市公司的最大股东是银行等金融机构），高达 8 万亿日元的股票需要脱手。因此，2002 年 10 月 4 日日本银行正式决定，从 15 家商业银行直接收购其持有的上市公司股票 2 万亿日元。日本金融厅还将日本各银行的资本充足率要求提高至 12%。

（五）银行业受严格保护，外资入股很少

日本也和其他许多发达国家一样，打着经济和贸易自由化的旗号，不断要求别的国家（尤其是发展中国家）对自己开放市场，而对国内产业则实行严格的保护。例如，为保护出口，1994 年 4 月至 2004 年 3 月，日本政府干预汇市的天数达 340 个交易日。其中，2003 年 1 月至 2004 年 3 月，干预汇市的天数就达 126 个交易日，90% 的交易是买入美元，总共购买了

3150 亿美元，有效地减慢了日元升值的节奏①。一方面，日本政府表面上谈论经济自由化，力图以改善投资环境来大力吸引国际资本，但这部分国外资本被要求进入日本政府提倡和鼓励的一些行业，它们多数是对日本国家安全和国民经济命脉影响不大的行业。另一方面，日本政府制定严格的针对外国资本的限制性条例，对国际资本进入一些重要的行业（如制造业等）设置了很高的准入门槛。因此，日资银行业金融机构股东中很少有外资股东，大股东中的外资股东更是凤毛麟角。

（六）受传统影响，公司治理存在缺陷

受长期社会、经济、文化发展的影响，日本银行业与日本企业之间的关系有两个重要特点：一是法人相互持股制度，二是主银行制。银行与企业关系过于密切，企业集团控制了银行，向银行派出董事等高级管理人员，直接参与银行的经营和管理。大多数银行的董事长兼任 CEO，决策与执行的协调性较好，但最终导致银行关联交易盛行，经营目标错位，内部激励不相容，对管理者的约束和责任追究不到位，股东大会形同虚设。近年来，日本银行业与企业间关系虽有所变化，银行持有企业股份逐步降低，主银行制也在一定程度上有所弱化，但银行业公司治理仍不健全。

三、对我国的启示

（一）抓住有利时机，促进产业升级

与日本金融危机发生前的情况类似，在资金过多、流动性泛滥时，我们应抓住有利时机进行产业升级和结构调整，促进经济发展，打好化解社会矛盾和解决深层次问题的良好基础。对我国银行业而言，应提高不良资产信息披露的透明度，提高信息质量，为决策提供真实信号。对资产质量

---

① 朱颖：《试论日本政府干预日元汇率和操纵汇率之嫌》，《日本学刊》2006 年第 3 期，第 118-128 页。

披露不实、流动性过多以及信用风险比较突出、市场风险隐患较大、操作风险比较集中且案件频发的银行应适当提高资本充足率要求，并辅之以窗口指导，要求其控制信贷增速，优化信贷结构，这既是加强宏观调控的针对性、可操作性的有力手段，也是推动我国产业升级、提高宏观调控效果的有效途径。

（二）明确市场定位，杜绝恶性竞争

我国银行业金融机构应明确市场定位，逐步改变目前政策性银行商业化、中小银行国有化（高管人员聘任、运行模式、激励约束机制等行政色彩较浓）、农村金融城市化的现状，扭转银行高管官员化、发展战略趋同化、业务单一化、创新低层次同质化的局面，杜绝低水平的恶性竞争。

（三）着力防范风险，慎行综合经营

日本完全市场化的经济环境中，混业经营（我国又称"综合经营"）的效果尚不明显，国际银行业界也在反思回归分业经营的可能性。在目前我国市场化程度较低、行政干预时有发生、银行运行行政色彩浓厚、公司治理处于逐步完善阶段，投资决策欠缺科学性、问责机制尚不健全的情况下，综合经营不宜过快全面推行。

（四）全面改革创新，促进银行业良性发展

日本金融机构重组的经验，有三条比较重要：一是不能拖延时机。二是无限制的流动性供给（明显具有阻碍实体经济恢复的后果）、无限制地保护存款人利益，以及有关管制规定的搁置，增加了解决危机所需要的财政成本。三是重组银行体系不能过度依赖中央银行的"最后贷款人"职能，中央银行不应成为重组银行体系的主导机构。

我国在银行业金融机构审慎监管的同时，要尽可能地放松管制，建立适合改革创新的制度环境。要建立存款保险制度，完善市场退出机制，妥善进行高危机构风险处置，尽量减少对银行业（乃至金融业）不必要的公

共资金投入。促进优胜劣汰，实现银行业稳定健康可持续发展。

（五）并购风起云涌，严格市场化运作

近年来，我国银行业进入了一个全新的并购高潮期。主要特点有三个：一是迫于监管要求以及生存和发展的需要，并购的压力和动力都很足。二是政府主导作用明显，常见国有企业（集团）入股银行。三是外资异常活跃。我国银行业并购热仍将持续，应科学分析和认真总结各种经济主体入股银行的目的、意愿和作用，充分发挥市场作用，构建合理的产权关系。要认真研究国有企业（如中央汇金公司等）的治理机制和运行绩效，深入评估外资入股的目的和作用，大胆引进民营企业参股银行（方可避免银行"贱卖给外资"的猜疑和指责）。

日本学者研究表明，中国银行业最近发生了一些变化：一是通过窗口指导等实行的数量控制影响在减弱；二是官方利率影响力上升；三是银行对贷款企业的财务指标和治理状况更为关注[1]。对于银行业这种完全竞争性的行业，国家不应垄断经营，不应过分倚重国有企业[2]，应坚持市场化运作的方向，从产权结构角度对我国银行业进行深入改革，加强监管，更深层次地真正完善银行业直至金融业的公司治理。

（六）适度产业保护，迎接"入世"挑战

日本实行过度的产业保护政策，并有一系列比较完善的配套措施，是早期日本经济飞速发展的基石；但对脆弱产业的过度保护贻误了产业升级和结构调整的有利时机，也是导致金融危机爆发并引发经济危机的重要原因之一。我国银行业等部分产业起步较晚、基础较差，国家理应给予一定保护，促使它们不断规范、发展、壮大，再放手让它们迎接残酷的国际竞争。

---

① 日本银行网站，http：//www.boj.or.jp。
② 有关中国国有企业绩效问题研究、意见和建议见经合组织网站，http：//www.oecd.org。

三

调查研究

关于深圳市国内银行应收未收利息情况的调查*

2000 年 6 月末，深圳市国内商业银行应收未收利息合计 180.17 亿元（其中，表内应收未收利息为 65.5 亿元，表外应收未收利息为 114.67 亿元）；2000 年 8 月末，深圳市国内商业银行应收未收利息合计 183.72 亿元（其中，表内应收未收利息为 67.11 亿元，表外应收未收利息为 116.62 亿元），都在 1999 年全市金融机构利润总额 44.27 亿元的 4 倍以上，应收未收利息居高不下，表外应收未收利息金额过大，难以收回，银行负担沉重。

一、应收未收利息的变化趋势与特点

（1）应收未收利息呈刚性上升趋势。深圳市国内商业银行应收未收利息合计 1998 年末为 153.42 亿元，1999 年末为 186.9 亿元，2000 年 6 月末为 180.17 亿元，2000 年 8 月末为 183.72 亿元，排除应收未收利息剥离的因素（四家国有商业银行工、农、中、建在资产剥离时也相应地剥离了表内应收未收利息 16.85 亿元，表外应收未收利息 73.85 亿元，共计 90.7 亿元），深圳市国内商业银行应收未收利息呈刚性上升趋势。

（2）应收未收利息金额占贷款总额和资产总额的比重都较大，直接影响银行利润水平的高低与真实性。1998~2000 年，深圳市国内商业银行应收未收利息金额占贷款总额的比率都在 5% 以上，占资产总额的比率都在

---

* 本文成于 2001 年 2 月 9 日，虽然视角比较单一，但对金融缩表形势下银行业不良资产状况研究仍有一定指导意义和参考价值。

2%以上（见图1），与不到1%的资产利润率相比无疑是太高了。

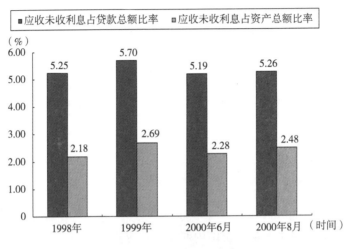

图1 应收未收利息占比

（3）应收未收利息呈现明显的企业性质差异。如图2所示，在应收未收利息中，国有企业与三资企业数据明显偏大，两者合计1998年末占70%，1999年末占63%，2000年6月末和8月末分别占64%和69%；集体企业与股份制企业应收未收利息占比较低；私营企业和个人的贷款应收未收利息占比最低。

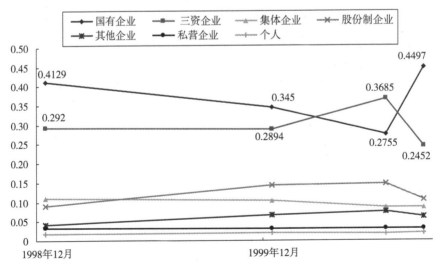

图2 应收未收利息按企业性质占比

（4）应收未收利息的行业特征突出。如图3所示，应收未收利息中，房地产建筑业企业贷款与其他行业（无明显主营业务的综合性企业）占比最高，商贸行业企业稍低，工业企业次之，服务业较低，农业企业最低。

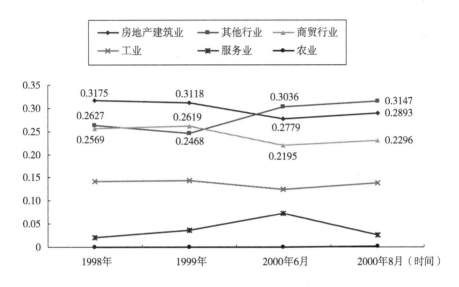

图3　应收未收利息行业占比

（5）应收未收利息大户与贷款大户和不良贷款大户重合。不少银行十大应收未收利息大户常常就属十大不良贷款户，有的甚至是十大贷款户。如深圳建行2000年6月末第二大欠息户深圳市恒保股份有限公司和第三大欠息户岁宝集团（深圳）实业有限公司就分别是第四大、第一大不良贷款户和第八大、第五大贷款户。

从以上数据与特点看，一方面深圳银行业的应收未收利息总量大、刚性上升趋势明显，另一方面信贷风险过于集中。按企业性质划分过于集中于国有企业和三资企业（其中相当比例是假三资企业），按行业划分过于集中于房地产建筑行业和无主营业务的企业，按客户划分则过于集中于贷款大户和不良贷款大户。

二、深圳市国内银行应收未收利息高企的原因

（1）银行不良贷款增长是应收未收利息高企的最直接原因。

从表 1 可以看出银行利息未收率上升（即收息率下降）与银行不良贷款的增长趋势是基本一致的。事实上，不良贷款是应收未收利息产生的根本原因，但其中有部分不良贷款客户能归还部分利息。因此，应收未收利息率随不良率增长而增长，但比不良率略低。

表 1　不良贷款的具体数据　　　　　　　　　　　单位：%

项目	1998 年末	1999 年末	增长率	2000 年 6 月	增长率
不良率	23.1	26.7	15.58	34.3	28.46
收息率	78.58	77.28	—	69.9	—
未收率	21.42	23.72	10.74	30.1	26.9

（2）贷款呆账准备金的计提不足和核销不力是应收未收利息高企的重要原因。我国现行制度规定，金融机构呆账准备金按年末贷款余额的 1% 差额提取，呆账核销还需受有关税收政策的限制，银行根据规定提取的呆账准备金（以下简称提呆）与实际所需相去甚远。以四家国有独资商业银行为例，1999 年 12 月末，如果我们比照国际通行处理方法（即次级类贷款提 20%，可疑类贷款提 50%，损失类贷款提 100%），在贷款五级分类的基础上计提贷款呆账准备金的情况见表 2。

表 2　四家国有独资商业银行提呆情况　　　　　单位：亿元

项目	工行	农行	中行	建行	合计
应提呆额	57.23	25.00	49.43	94.61	226.27
已提呆额	3.50	2.43	4.21	0.11	10.25
应补提呆额	53.75	22.57	45.22	94.50	216.04

从表 2 可见，工、农、中、建各行现有呆账准备金额占应提呆额的比率分别为 6.12%、9.72%、8.52% 和 0.12%，总额占比为 4.53%。中资银行实际提呆占应提呆额比例过低，离实际所需相去甚远，与各行巨额不良贷款相比更可谓杯水车薪。

（3）不良贷款剥离和债转股等政策使银行不良贷款充分暴露，应收未收利息也大幅度提高。前几年，由于考核等方面的原因，很多银行大量采取借新还旧、债务重整等技术性措施人为地压低不良贷款，不良贷款没有完全暴露出来。随着四家金融资产管理公司的成立，不良贷款的剥离以及债转股政策的实施，绝大部分银行意识到不能再隐瞒不良贷款了，否则以后发生的不良贷款责任自负；还有部分企业为达到所借贷款被剥离到资产管理公司的目的，采取拖欠甚至不还利息的方式，设法满足剥离或债转股的条件。再加上银行严格了借新还旧的条件，因此，银行不良贷款暴露得更为充分，应收未收利息也大幅度提高。

三、减少应收未收利息的对策与建议

（1）针对不良贷款充分计提呆账准备金是商业银行审慎经营的需要，银行提呆严重不足，应引起高度重视。按资产质量状况充分提呆是商业银行审慎经营的需要，否则国有银行长期背负巨额不良贷款，难以与实力雄厚的外资银行相抗衡。要及早扭转国有银行提呆严重不足的局面，首先需要国家有关部门加快修订有关银行业的提呆政策，以帮助我国银行逐步摆脱巨额不良贷款的困扰，加速提高其市场竞争力与发展后劲，做好迎接"入世"准备。

（2）借鉴国际银行业惯例，提足呆账准备金，完善呆账准备金的提取核销制度。深圳的外资银行已经按照国际银行业惯例，建立了完善的呆账准备金提取和核销制度，而占绝对市场份额的国内银行，在总体获得巨额盈利的情况下，伴随着不良贷款的逐年攀升，自身抵御风险的能力却越来越脆弱。深圳作为我国金融改革的窗口和金融安全区试点城市，要维护深圳的金融安全，实现金融业的可持续发展，深圳就有必要参照国际银行业惯例，在呆账准备金的提取和核销方面进行试点，在呆账准备金的具体提取和核销政策上，可考虑对国有独资商业银行和股份制商业银行作区别对待。为了保持税收政策的连续性，建议在操作上，可按照贷款五级分类结果计提呆账准备金，在计税时，按照"一逾两呆"分类结果予以调整。这样，既可提足呆账准备金，抵御风险，又能为呆账准备金制度的改革探索经验，以迎接中国加入 WTO 后的挑战。

（3）加快呆账核销，增强银行竞争力。应改变财政部门统一下达比例极低的呆账核销指标、层层控制严格审批的做法，将呆账核销权放给银行本身，以增强银行生存能力。放水养鱼，将更多的税款延至日后收取。

（4）优化客户结构，将业务导向转向优质客户，优化业务类型，满足客户全方位的业务需要。商业银行在经营过程中不应受政策性业务的约束，应遵循资源最优配置的原则，将信贷资金投向产权结构清晰、经营有效率、信誉良好收益性强的客户。在现阶段尤其应大力发展针对个人客户的消费信贷业务，拓展优质客户群。

对个人小额存款账户收费情况的调查[*]

国内银行对个人人民币小余额储蓄存款账户（以下简称小余额账户）收取管理费是最近一段时期的热点，得到了社会大众和新闻媒体的普遍关注。我们对深圳相关银行的收费情况进行了调查。

一、收费现状

从建行深圳市分行 2005 年 5 月 1 日发布收费的公告开始，相继有五家国内银行开始对小余额账户收取管理费，另有多家银行也宣布将收费。

截至 2005 年底，建行深圳市分行收取小额账户管理费××万元；招商银行已实施收费的 12 家分行共收取账户管理费××万元。

在取得较佳经济效益的同时，客户结构也得到明显优化。招商银行2005 年 6 月末 12 家收费分行余额 1 万元以下客户数为××万户，占总客户数的 65.56%；到年底这部分客户数量减少了××万户，仅占 12 家分行总客户数的 55.12%，占比下降了 10.44 个百分点。

---

* 本文成于 2006 年 5 月，后收录于《银行业发展与监管探索（Ⅱ）——来自一线的报告》（中国金融出版社 2007 年版）。

二、收费的特点

（一）国有银行普遍收费，股份制银行多不收费

从收费的主体看，到目前为止，四大国有银行均已宣布收费，股份制银行中则仅有招商银行、渤海银行和交通银行三家宣布收费。

（二）收费对象和标准大同小异

从收费的客体看，除招商银行和渤海银行分别对合计资产总额小于1万元和5000元的储户收费外，四家国有银行和交通银行都是对余额低于500元的账户收费。除渤海银行每月收取5元、建行深圳市分行每年收取10元账户管理费外，其他各行都是每月收取1元，大多按季收取。

（三）收费理由基本一致

从收费的理由看，各行都认为小余额账户占比过大，占用了银行较多的系统资源（包括信息系统和硬件设施等）和柜台人力资源，但给银行带来的效益却不匹配。例如，中行深圳市分行、建行深圳市分行日均余额在500元以下账户均占人民币活期存款账户的80%以上，但存款余额分别仅占人民币个人活期存款总额的2.68%和2.48%。

中国加入世界贸易组织后过渡期行将结束，各行面对更为激烈的国际竞争，纷纷想办法充分发挥各种资源的作用，由粗放经营向精细核算过渡，尽可能提高盈利水平和竞争能力。在当前流动性过剩的大背景下，如何优化负债结构成为各行的工作重点。国有银行和部分发展较好的股份制银行已经拥有了巨大的客户资源，借鉴国际通行做法，采用收取账户管理费这一市场化的手段淘汰小余额账户，并借此调整客户结构。

（四）收费在地域上循序渐进，深圳一马当先

各行对收费政策的推行都比较慎重，大多选择在经济比较发达的大中

城市先行试点，再逐步、稳妥地推进。除农行在广东省分行先行试点外，其他各行都首选深圳市试点。

三、存在的问题和困难

（一）银行收费缺乏法律规范

银行收费应该遵循《中华人民共和国价格法》、原中国银监会和发改委颁发的《商业银行服务价格管理暂行办法》，但两个法规对银行收费政策都缺乏清晰的界定。既没有明确是否可以对小余额账户收费，也没有明确该项收费到底属于政府指导价还是市场调节价，因此无法确定相应的程序和原则，从而导致银行机构无所适从。目前法律也无法解释银行收费是否属于单方面更改合同。

（二）宣传不够，社会认同度较低

银行对收费的宣传重视不够，只限于在媒体上发布消息，且公告时间较短，既未主动向社会解释收费动机，也未大力宣传各项减免措施，只是在社会反响较大时被动做出一些回应。片面强调了对小余额账户的管理成本和这部分账户给银行带来的低效益，没有历史地、客观地、实事求是地对待这个问题。由于宣传不到位，客户观念改变难度较大，社会认同度不高。

（三）准备工作不充分，操作欠规范

银行对小余额账户的形成原因了解、研究和分析不够；对系统资源无效占用的责任划分欠科学；对小余额账户的成本效益分析不深入；对收费时机、收费标准、收费成效、科技投入效益分析等的测算比较粗放；对收费缺乏全面、系统、周到的安排；与监管部门缺乏沟通，报备材料不全面，缺乏深入细致的可行性分析、推进过程的系统安排等；告知义务履行

不到位，未与小余额储户直接联系和沟通。

（四）配套措施不足，实施效果不理想

一是由于缺乏法律依据和有效的手段，银行"睡眠账户"无法及时得到清理。二是账户注销比较麻烦，客户销户成本很高。三是银行服务意识虽有所提高，但服务质量和水平与社会要求及国际惯例有着较大差距。因此，银行收费后系统运行速度无法明显改善，国有银行小余额账户数量仍在增加。例如，建行深圳市分行公告收费后，一方面小额账户销户量成倍增加，2005 年 6 月日均销户量比 1~4 月提高了 278%，另一方面由于部分储户更倾向于在国有银行开立账户，因此，新开户增长量更大，6 月末小额账户总数反而净增了 10 万户。

四、对策建议

（一）制度先行，鼓励创新，引导银行合理收费

对小余额账户收取管理费，是银行在市场经济条件下利用价格杠杆进行客户选择并明确市场定位的重要步骤和手段，是我国银行业进一步市场细分，避免服务严重同质化，杜绝恶性竞争的关键环节，应予支持。但收费不是万能灵药，不提倡所有银行一哄而上，展开新一轮争夺高端客户的恶性竞争，同时鼓励银行为小储户提供优质金融服务。监管当局应完善相关政策法规，旗帜鲜明地鼓励和支持银行业制度创新和业务创新，积极引导银行准确进行市场定位，精心进行业务再造和流程再造，大力发展核心业务，提高竞争能力。要督促银行遵循合理、公开、诚信和质价相符的原则进行收费。一是定价应当合理。应当充分考虑这部分客户的承受能力。二是程序应当合法。应当按照先报备，后公告，再试点、总结、推开等步骤，有序推进。三是切实提高服务意识、质量和水平，让社会公众满意。

（二）督促银行认真做好宣传工作，取得社会认同

小余额账户的形成，情况比较复杂。银行要扎扎实实做好宣传工作；尊重客户的知情权，提前公告有关改革措施；实事求是地指出银行发展中面临的困难、问题和挑战；正面宣传小储户对银行的支持和贡献，大张旗鼓地宣传有关减免政策，争取得到广大客户的理解和支持。

（三）督促银行规范操作，稳妥推进收费工作

首先，要大力提高结算服务的质量、效率和水平，如深圳九家（北京3家）银行通存通兑，在为客户提供方便的同时，也为银行清理闲置账户打下了良好的基础。其次，要督促银行扎实做好可行性分析，周密部署收费工作。最后，要认真审查银行有关备案材料，杜绝不备案、不公告、不宣传或先推行后报备等不规范行为。

（四）完善各项配套措施，提高银行盈利能力

银行应该深刻地认识到：在服务和科技上的投入，其产出是巨大的。应当不断增加系统资源投入，加大科技开发力度。应根据服务标准和员工配备的实际，准确测算可以服务的客户数量，进一步有效明确市场定位，进行市场细分，进而有针对性地进行有效收费。银行还应完善销户等业务制度，废除各种不必要的手续，切实为客户销户提供方便。多管齐下，减少资源的无效占用，提高盈利能力。

四

国际借鉴

西方银行的统一授信及其借鉴[*]

中国加入 WTO 后，金融业的竞争将加剧。如何防范风险，应对竞争，本文试图从统一授信的角度将国内银行与西方银行作一比较。

一、西方银行的统一授信

统一授信是指商业银行对单一法人客户或地区统一确定最高综合授信额度，并加以集中统一控制的信用风险管理制度。其本质是信用风险的集中控制。其中心内容是四个统一：一是授信主体的统一。即商业银行确定一个管理部门或委员会统一审核批准对客户的授信，不能由不同部门分别对同一或不同客户，不同部门分别对同一或不同信贷品种进行授信。二是授信形式的统一。即商业银行对同一客户不同形式的信用发放都置于该客户的最高授信额度之内，做到表内业务授信与表外业务授信的统一，对表内的贷款业务、打包放款、进出口押汇、贴现等业务和表外的信用证、保函、承兑、担保等业务进行一揽子授信。三是不同币种授信的统一。各币种业务的授信要置于同一授信额度之下。四是授信对象的统一。商业银行授信的对象是法人，不允许在一个营业机构或系统内对不具备法人资格的分支公司客户授信。

西方银行在对客户进行细分的基础上，成立私人客户业务部、企业客

---

[*] 本文于 2000 年 4 月发表于《深圳金融》第 2 期。

户业务部，在贷款审批委员会的指导下，用相对固定、比较科学的方法对单一客户的风险和财务状况进行综合评估，确定对该客户能够和愿意承受的风险总量，即最高综合授信额度，对客户的所有信用行为都在该额度范围内发生，该额度一般一年一定。私人客户业务部负责对私人客户提供个人存、贷及投资咨询等全方位服务，企业客户业务部负责对企业客户提供存、贷及投资咨询等全方位服务，西方银行实行客户经理制，责任到人。

二、国内银行实行统一授信的必要性及现状

国内银行长期以来对信贷资金的风险缺乏严密、科学的控制，没有建立和严格实施国际银行业普遍遵循的统一的授信制度，各部门、各分支机构对同一客户分头授信，对不同币种分割授信，对贷款、贴现、承兑、信用证等分散授信，结果造成信用证项下大量垫款和损失，银行不能了解和控制同一客户的总的风险，给银行自身和金融体系的安全带来严重威胁。因此，中国人民银行于 1999 年 1 月 20 日推出了《商业银行实施统一授信制度指引（试行）》，要求各商业银行逐步实施统一授信制度。

目前，国内各商业银行对统一授信问题都给予了足够的重视，认识到了统一授信对银行风险防范和健康发展的重要意义。国内各商业银行在中国人民银行《商业银行实施统一授信制度指引（试行）》要求下做了大量的基础工作：成立了统一授信工作领导小组。进行了适应统一授信工作需要的机构改革。业务管理上逐步向审贷分离、加强内部控制、实施统一授信过渡。在原有授信业务基础上，出台了统一授信管理办法，办法大都能体现授信主体、授信形式、授信币种、授信对象的四个统一；能明确对客户确定授信额度的方法，但大多不够翔实、不够科学；有明确的授信审批、使用和管理程序；能明确各信贷部门的职责，但大多未能落到实处；能明确对集团客户的授信管理，但其中不能落实的问题较多；有些还明确了对授信过程中违规行为的处罚办法，有些对公开授信也进行了规范，有些还有相应的客户评价办法。上述基础工作极大地推动了统一授信在国内

银行的实施进程，为更好地落实统一授信制度创造了条件，对中国银行业的统一授信工作具有十分重要的意义。但与西方银行较为成熟的统一授信制度比较，尤其是中国即将加入 WTO、中国金融业将马上迎接国外银行挑战的今天，中国银行业的统一授信工作道路还很漫长，统一授信工作也更为迫切。

三、国内银行实行统一授信的问题和困难

（1）社会经济的法制化。西方银行实施统一授信最大的优势在于社会运行尤其是社会经济运行中的完全法制化，这样社会经济行为主体的行为才有可能完全市场化。中国在改革开放的今天，法制化和市场化的努力已取得突破性成果，但与西方法制发达国家相比，我们的差距还比较明显，立法不全、执法不严的情况还普遍存在。社会经济运行过程中法制不健全是国内银行实施统一授信的最大障碍。

（2）银行的完全商业化。国内银行尤其是国有商业银行产权不明晰，所有者对经营者缺乏有效监督，银行经营中缺乏约束机制、激励机制和创新机制，银行未能真正走向商业化，这是统一授信制度在国内银行中未能顺利推行的最重要原因。

（3）社会中介机构的职业道德。金融的社会化程度很高，社会各部门包括社会中介机构对金融发展提供了重要的社会支持。在目前中国法制化程度不高、社会中介机构自律意识不强的情况下，社会中介机构在职业道德方面存在不足，进而造成社会信息部分失真，银行不能完全相信中介机构，这是统一授信制度在国内银行中未能顺利推行的重要原因之一。

（4）组织机构设置。目前国内银行在组织机构设置方面条块分割，总体上缺乏统一规划设计；对有的部门缺乏有效监管，制约不够；各机构、各部门互相掣肘；业务环节过多，效率过低；各部门责、权、利不明晰；追求部门小集团利益，业务过程中短期行为盛行，风险防范流于形式。进行适应统一授信的组织机构设置，是国内银行顺利推行统一授信制度的重

要步骤。

（5）授权与授信的关系。分级授权要服从于统一授信。要在统一授信的基础上，进行分级授权，必要时实行特别授权。既要符合业务审批制度，又要符合统一授信制度，做到业务审批权限与集中风险控制相结合，这是国内银行顺利推行统一授信制度的必然要求。

（6）风险分析评估方法。国内银行要推行统一授信制度，一定要建立起一套对客户的风险进行分析评估的科学方法，否则如果对客户的风险状况都不能全面了解，统一授信就失去了推行的基础。当前国内各银行都有对客户风险进行评估的方法，但大多比较粗浅，不够细致。即使这样，有的银行在对客户进行风险分析时还流于形式，再加上目前社会上普遍存在的经济资料失真，国内银行对客户进行风险分析评估的效果普遍不尽如人意。

（7）信息管理系统。国内银行顺利推行统一授信制度，有效的信息管理系统是其技术支持。目前国内银行的信息管理系统大多都处在开始建设或试运行阶段，并且其中大部分还仅有对部分信息进行收集的功能，信息管理的能力不强。国内银行业信息管理系统一个突出的问题是：在对客户的风险限额进行确定的过程中，客户承担债务的情况不明以及客户或有负债情况不明。彻底改变落后的信息管理系统，提供充分的技术支持是国内银行顺利推行统一授信制度的必由之路。

国内银行实施统一授信制度还有很多事要做，但要尽快去做。相信中国银行业一定会抓住机遇，努力提高自身实力，搞好内部管理，迎接 WTO 和外资银行的竞争。

日本银行业股权模式的基本特征及存在问题

一、问题的提出

2001 年以来，日本经济进入了近十年中的第三次衰退，表现在六个方面：一是个人消费、设备投资、住宅投资等民间需求下降；二是政府的公共投资仍在减少；三是世界经济不景气和日本企业国际竞争力下降导致出口萎缩；四是失业率创历史纪录；五是通货紧缩趋势加快；六是股票市场疲软。几乎所有的经济指标都不乐观，GDP 增长率由 2000 年的 2.2%下降至 2001 年的−0.4%；失业率由 2000 年的 4.72%上升至 2001 年的 5.0%；消费品物价上涨率 2001 年为−0.7%；日经指数 2002 年 1 月 2 日收市报10542.6 点，比 2000 年 12 月 31 日下降了 33.9%。日本经济面临的主要问题是由于其经济体制的限制，没有在近 10 年经济低速甚至是负增长期间，及时解决泡沫经济时代形成的生产能力、不良债权和雇用"三大过剩"问题，政府财政赤字和国家债务过大问题，以及雇佣关系、政府与企业、金融企业与非金融企业关系等重大经济关系尚未理顺等问题。而造成日本经济长期持续低迷的原因：一是泡沫经济崩溃造成的影响；二是资产价格下降导致资产缩水，并引发大量不良资产；三是金融体系功能弱化，社会资金没有发挥有效作用；四是许多领域的结构改革严重滞后。金融领域的深层次原因就是日本银行业股权模式的影响。

＊ 本文于 2002 年 12 月发表于《日本问题研究》第 4 期，作者为欧阳韶辉与胡书。

银行的股权结构是银行运作方式的决定性因素，不同的股权结构决定了银行不同的运行特征。银行股权结构指的是一个银行不同类型股东在股本数量上占有比重的不同，以及由此所决定的各股东在支配银行方面地位的不同。银行的股权结构同所有事物一样有一个产生、发展、成熟和衰亡的过程，是与其赖以存在的特有的历史条件分不开的。银行股权模式是由银行股权结构所决定的银行的股权组织形式，以及在这种股权组织形式下所产生的银行权力分配和权力制约方式。不同的银行股权模式产生不同的银行权力分配和权力制约方式，直接地产生不同的银行经营管理方式，从而产生不同的银行经营管理目标和经营管理结果。

二、日本银行业股权模式

考察日本银行业股权构成情况可以发现，近十年来总体结构变化不大。以 1996 年有关数据为例，日本主要银行的股东构成及持股比例情况如表 1 所示。

表 1   1996 年日本主要银行的股东构成及持股比例   单位：%

银行名称	金融机构	其他法人	小计	个人	外国人
日本兴业银行	43.0	50.7	93.7	1.9	4.4
日本长期信用银行	46.3	49.4	95.7	2.5	1.8
日本债券信用银行	63.4	30.7	94.0	4.0	2.0
北海道拓殖银行	36.9	38.2	75.3	18.1	6.6
东京三菱银行	55.1	33.1	88.2	4.9	6.9
富士银行	31.8	58.4	90.2	5.0	4.7
住友银行	30.2	56.8	87.0	5.3	7.6
三和银行	35.7	53.9	89.7	4.9	5.3
东海银行	30.3	57.7	88.0	7.7	4.3

银行名称	金融机构	其他法人	小计	个人	外国人
旭日银行	36.8	45.3	82.2	9.7	8.0
三井信托银行	21.8	63.6	85.4	4.8	9.8
三菱信托银行	24.4	63.1	87.6	3.8	8.6
住友信托银行	19.4	65.4	84.7	3.8	11.5
安田信托银行	30.2	58.4	88.5	3.9	7.6
日本信托银行	77.6	16.4	94.0	5.2	0.8
中央信托银行	32.0	61.1	93.2	3.4	3.4
加权平均	37.2	51.2	88.4	5.8	5.7

资料来源：罗清：《日本金融的繁荣、危机与变革》，中国金融出版社 2000 年版。

1996 年，日本主要银行都是上市企业，股东都由金融机构、其他法人（实业法人）、个人（私人或私人企业）和外国人（主要是外国企业）四类构成，上述四类股东加权平均占银行总股份的比例分别为 37.2%、51.2%、5.8% 和 5.7%，其中金融机构与其他法人持股合计占银行总股份的 88.4%（见表 1）。目前日本银行业的股权结构状况与 1996 年的情况仍无很大差别。在日本经济生活中影响力较大的大型企业和企业集团控制了大部分银行，它们通过掌握银行的人事任命权直接控制银行的决策权、管理权和经营权。日本银行业的经营目标和经营理念常常与控制它们的企业或企业集团一致，有时甚至忽视了自身的经营目标。

三、日本银行业股权模式的特征

（一）日本银行业股权的法人集中性

表 1 的数据说明了日本银行业股权的法人集中性，即银行的股权集中于金融机构与其他实业法人。由于金融机构与企业法人业务经营联系

紧密，大型企业和企业集团一直十分重视对银行和保险公司的控制，并通过控制银行和保险公司来控制更多其他中小型企业，巩固和扩大客户群体，为自身拓展业务和扩张规模服务。它们参股控制银行的方法主要有两种：一种是直接参股做大股东，通过控制股东大会和董事会来掌握银行的人事任免，通过派遣内部员工担任银行的董事成员和高层经理来控制银行的经营和管理。另一种是与关联企业和集团成员企业一道共同参股银行，达到控股的目的。由于大银行都是上市银行，股权相当分散，当企业集团成员持有股份总额达到一定比例时就能取得对银行的控制权。目前几乎所有的大型企业或企业集团都采用这种方法来达到控制银行的目的，还经常通过自己控制的银行或保险公司等金融机构参股来控制别的银行。

（二）日本银行业股权的分散性

日本银行业股权结构除具有法人集中性外，还有一个重要特征，即在单一股东持股方面具有相当大的分散性。日本的大银行都是上市银行，发行在外的普通股本十分分散，这很容易理解。股东法人控制了银行的运作，中小股东的利益无法得到保护。以股权相对比较集中的三和集团（三和系）控制的三大银行——三和银行、东海银行和东洋信托银行为例，2001年3月31日三家银行前10大股东持股比例合计分别为27.85%、21.90%和35.72%，平均每家持股比例还不到40%。瑞穗金融集团、东京三菱金融集团前10大股东持股比例合计也分别仅为20.32%和22.75%。瑞穗金融集团普通股股东134475人（包括法人和自然人），发行在外普通股仅920余万股，平均每个股东还不到70股。

（三）日本银行业股权的相互持股特征

日本银行业股权结构中相互持股特征十分明显，主要有两种情况：一是银行之间相互持股。例如，三和银行是东洋信托银行的第一大股东，持有东洋信托银行11.6%的股份，反过来东洋信托银行也是三和银行的第二大股东，持有三和银行 3.58% 的股份。二是银行与企业之间相互持股。例如，三和银行、东海银行、樱花银行、三井银行持有丰田公司的股份都为 4.9%，而丰田公司持有三和银行、东海银行、樱花银行、三井银行的股份分别占第九位、第一位、第五位和第二位，为 2.3%、5.1%、2.6% 和 4.4%。

（四）日本银行业股权的循环持有特征

日本银行业股权结构中还存在循环持股的情况。例如，瑞穗信托银行是三和银行的第九大股东，持有三和银行 2.28% 的股份，而三和银行又是东洋信托银行的第一大股东，持有东洋信托银行 11.6% 的股份，同时东洋信托银行也是瑞穗金融集团的第九大股东，持有瑞穗金融集团 1.12% 的股份，瑞穗信托银行是瑞穗金融集团的成员银行。循环持股的结果是多个企业之间联系更为紧密，互相之间容易联合成为一个集团或融合成为一个整体。

（五）日本银行业股权持有具有战略性

日本银行业股权结构中一个明显的特点是银行一般都发行一定数量的优先股。优先股一般有一个固定的期限，但到期后可以重新发行，由股东和银行事先商定一个股息率。优先股股东没有表决权，不以参加或控制银行的经营管理为目的，其出发点是收取固定回报，具有长期战略投资的性质。因此，优先股股东一般是关系十分密切的关联企业，例如，瑞穗金融集团发行在外的股份总数为 1032 万股，其中发行在外的优先股股份总数为 112 万股，占股份总数的 10.85%；东京三菱金融集团总股本为 13781 亿日元，其中优先股股本总额为 2438 亿日元，占总股本的 17.69%；三和银行总股本为 8436 亿日元，其中优先股股本总额为 3750 亿日元，占总股本的 44.45%（以上数据根据有关银行年报整理得来，截止日期均为 2001 年 3 月 31 日）。

（六）小结

日本银行业股权模式决定了日本的银行是企业集团运行的核心。集团通过控制银行股权牢牢地控制了整个银行，并通过低成本占用银行资金来进行业务拓展和规模扩张。集团利用银行信息资源发展固定而长期的优质客户，并利用银行资金参股来控制关联企业，由此形成关系更为紧密实力更加强大的经济集团。但企业集团对其自身的发展当然更为关注，而对银行利益的考虑不可能是第一位的，银行在企业集团中的地位不能保证银行本身利益的完全实现。

四、日本银行业股权模式的教训

（一）法人持股存在的问题

企业由法人持股是国际通行的做法，企业应在成立之初就有自己的经营目标，且不应随意改变。日本银行业股权模式的重要特征是法人持股，并且是法人控股，法人对银行派出业务经理，业务经理出任银行董事会成员，对银行经营管理具有至高无上的权力。法人控股最大的问题是银行的经营管理受法人股东控制，在法人股东组成的董事会的控制下，银行缺失了自身的经营目标，一切以法人股东的利益为宗旨，而把银行的利润最大化放在了一边。其结果是法人股东将他们的利益凌驾于银行的利益之上，将银行作为其筹集资金的工具，中小股东的利益受到极大损害。

日本在这方面教训应该是十分深刻的，东南亚金融危机给日本补上了这一课。改革的方向不外乎四个方面：一是分散股权结构，彻底解决法人投资、法人控股、法人管理、法人经营的局面。二是改组银行的董事会，明确银行经营的目标。三是将银行的经营权交由与法人股东不相干的人员，将其经营目标确定在银行利润最大化上。四是增大银行中小股东的监督权，维护他们的知情权，切实保护他们作为投资者的合法权益。

（二）相互持股制度存在的问题

相互持股制度是日本社会经济生活中最具特色的企业产权形式和企业组织方式。国际上企业间相互持股的情况也时有发生，主要是为了紧密双方的联系，对于企业间形成战略性联盟具有十分重要的作用。但日本企业界纵横交错的相互持股则具有先天的理论缺陷，在日本银行业经营实践中也存在一些问题。

首先，大面积的相互持股违反了股份公司的原则。日本企业之间相互持股，使得企业的资本金在形式上无限扩大，而实际上企业并未筹到真正可用的资金，很多情况下企业之间通过换股证的形式进行相互持股，并没有资金的实际划拨。企业的管理者正是利用相互持股所形成的这种"资本幻觉"来为业务扩大和规模扩张筹措资金，导致企业的发展没有真正的资本支持。

其次，相互持股还导致对企业支配权的不公正占有。相互持股股东往往承诺相互持有比较大数量的股份，经常相互占据了控股股东的地位，但他们实际上没有进行资本的投入。这就形成了实际出资人被剥夺了企业的支配权，而由未出资的人支配企业，出资人对企业的权利和义务不对等的情况。控股股东并不真正关心企业的经济效益，不利于对中小投资者合法权益的保护。

再次，相互持股还直接导致企业经营者的无责任经营。企业之间相互持股，相互持股股东双方各自对企业的经营管理负责，在责任追究过程中很容易互相达成妥协，互不追究对方。

最后，相互持股导致了泡沫经济。法人相互持股，企业经营者无责任经营，控股股东并不真正关心企业的经济效益，企业的管理者还利用相互持股所形成的"资本幻觉"来大肆扩大业务和扩张规模。由于企业的分红彼此支付，可以互相抵消，为争夺对企业的控制权，法人往往通过大量购买股票的方式来实现，刺激了股价上升。两种情况都比较严重，日本出现经济泡沫在所难免。

（三）日本银行业公司治理存在的问题

（1）日本银行业股东大会形同虚设。日本银行业董事会、监事会、经营班子高度统一，高度集权，银行股东大会形同虚设，中小投资者合法权益无法得到保护，投资主体地位不平等。根据《日本商法》，股东大会拥有任免董事会和监事会成员，对公司经营大政方针做出决策的权力。股东大会是银行的最高权力机关，而董事会是最高权力的执行机关，董事会向股东大会负责并报告工作。日本银行业的章程中也有类似规定，但在实践中股东大会却形同虚设。日本公司章程普遍规定股东大会参加表决的股份不得低于公司总发行在外股份的一半，必须获得2/3以上的票数才能形成有效决议。20世纪80年代中期日本大和证券经济研究所调查表明：上市公司股东大会出席人数平均为87.1人，出席人数在41～80人的股东大会占57.7%。股东大会平均开会时间为28分钟，60%以上的股东大会历时不到30分钟即告结束。股权集中于法人，法人控制了董事会，董事会的所有提案、报告都能获得顺利通过，股东大会形同虚设。

（2）日本银行业对管理者约束不到位。日本银行业管理者高度集权，董事会、监事会、经营班子高度统一，有些银行甚至还没有设立监事会的机构，监事会对高层管理人员的监督职能无法发挥。近十几年来，日本通过多次修改商法，限制了董事的权力集中，加强了公司监事的职权，但还是出现了利库路特、四大证券公司、佐川快件等金融政治丑闻，反映出日本金融业对管理者的约束不到位。

（3）日本银行业经营目标错位。日本银行业的法人股东对银行控制力很强，直接控制了银行的人事任命。银行的董事会成员和高层经营人员重叠严重，他们在经营决策和业务过程中一切从法人股东的利益出发，经营目标与法人股东一致，而不是以银行利润最大化为经营目标，经营目标发生了严重错位。

（4）日本银行业激励不相容。日本银行业法人股东控制银行的经营运作，对职员的业绩考核往往从对法人业务拓展和规模扩张的贡献出发，而不是考核对银行利润增长的贡献，因法人股东与银行经营目标的不一致而导致了日本银行业在内部激励上的不相容。日本银行业经理晋升往往需要相当长的时间，普遍缺乏创新意识，银行业在处理自身的问题上主动性也不够。

巴塞尔委员会金融衍生业务风险监管对我国的启示*

　　巴塞尔委员会为完善以风险加权方式衡量表内与表外风险的体系，公布了一系列有关金融衍生业务的风险监管的文件，包括《计量与管理流动性的框架》（1992 年 9 月）、《银行和证券公司交易及衍生产品业务的公开信息披露》（1995 年 11 月与证监会国际组织技术委员会的联合报告）、《资本协议中关于远期外汇交易多边净额结算的解释》（1996 年 4 月）等。这些文件对衍生产品业务的风险监管做了比较全面的阐述，对我国商业银行提高金融衍生业务风险管理与控制水平和中央银行加强金融衍生业务风险监管有很大的参考价值。

一、金融衍生业务概述

　　20 世纪 70 年代以来，随着美元双挂钩体系的瓦解，石油、债务危机的发生，金融自由化的发展，电子化带来的技术革命以及金融活动的全球化，金融创新方兴未艾，金融衍生业务出现了爆发式增长。金融衍生业务是以原生金融业务为基础的业务，主要包括远期合约、金融期货、金融期权、金融互换、衍生证券和资产证券化五类。远期合约又分为远期外汇合约、远期汇率合约、远期利率协议、远期利率合约和远期证券合约；金融期货又分为外汇期货合约、利率期货合约和股票指数期货合约；金融期权

---

　　* 本文于 2003 年 11 月发表于《深圳金融》第 11 期。

又分为外汇期权、利率期权、股票指数期权和期货期权；金融互换又分为货币互换、利率互换、利率和权益互换；衍生证券和资产证券化又分为可转换债券、权证、市政衍生证券、信誉衍生证券。金融衍生业务理论上具有风险转移和价格发现的功能，投机性、风险性和虚拟性是金融衍生业务的突出特征，尤其是交易员里森隐瞒日经指数期货亏损导致巴菱银行倒闭的事件给国际金融界再一次敲响了重视金融衍生业务风险的警钟，对金融监管部门也提出了更高的要求。

二、巴塞尔委员会有关金融衍生业务风险监管的技术

目前，国际通行的金融衍生业务风险监管技术是以美国联邦储备体系风险监管操作技术为代表的，以巴塞尔委员会有关风险监管业务指引及监管技术标准为表现形式的，具有相当技术含量和前瞻性，在国际范围内具有一定程度可操作性的一系列技术准则和风险监管规范。主要包括以下几个方面的内容。

（一）内部控制要求

内部控制是银行监管的基础，为加强对银行金融衍生业务的监管，巴塞尔委员会针对金融衍生工具的内部风险监控系统的建立，于1994年7月与国际证券技术委员会联合发表了《衍生产品风险管理准则》。该准则明确了合理的风险管理对有效利用衍生产品的重要性，阐述了衍生产品交易的内部控制基本原则。

（1）董事会和高层管理部门的适当监督。①董事会的监督。董事会应负责整个银行的所有与风险管理有关的重大决策，这些决策应与银行的宏观业务政策、资本实力、管理技能以及承担风险的意图相一致，因此，银行的风险情况应定期并及时向董事会报告。董事会应定期对重大的风险管理决策和程序进行评价，并组织和鼓励各董事和高层管理部门之间、高层管理部门和其他部门之间就银行的风险管理过程和风险问题进行探讨。

②高层管理部门的监督。高层管理部门应负责制定适当的政策和程序来指导长期和日常的衍生产品业务，明确界定风险管理的职责范围，确保有适当的风险衡量系统，合理确定各种风险限定，建立有效的内部控制和完整的风险报告过程。

（2）风险管理程序。健全的风险管理程序应包括如下组成部分：全面的风险计量方法；详细界定的风险限额、准则和其他参数；用以控制、监督和报告风险的强大的管理信息系统。①风险的计量。银行用来计量各种衍生产品业务风险的系统应是全面和准确的，在衡量和汇总风险时应尽可能地包括整个银行的全部交易和非交易活动。②风险的限制。风险管理过程的基本组成部分是风险限额系统，它是风险管理信息系统的重要内容，准确、丰富和及时的管理信息系统对于审慎开展衍生产品业务是必不可少的。③管理部门的评估和检查。管理部门应定期检查和评估风险管理过程的各个环节、银行业务和市场环境的变化，以及风险管理系统的任何重大变化。

（3）内部控制和审计。衍生产品业务的政策和相关程序是银行内部控制总体结构的延伸，应完全纳入日常的工作流程。银行应对其主要的经营活动建立内部控制。银行应建立适合开展业务的健全的组织结构，对各业务部门应有明确的职责分工。银行对开展的各项业务要建立全面的内部控制制度文件，内部控制制度文件包括各项业务的操作规程、业务流程，要反映各项业务过程中所有可能存在的风险，以及各个风险环节。银行应建立有效的业务执行体系，对各项业务操作进行权力制衡，以确保业务过程中关注了所有的风险点和所有的风险环节。银行还应建立独立负责的内部监督检查体系，定期或不定期对各项业务进行检查监督，确保内部控制制度得到贯彻执行，达到有效的内部制约。

（二）信息披露技术

1995 年 5 月，巴塞尔委员会和国际证券技术委员会共同发表了《关于银行和证券公司衍生产品业务的监管信息框架》，目的是为监管当局提供基本信息，取得银行进行金融衍生交易的各项资料，以便监管者进行风险评估。这份文件提出了衍生产品业务风险监管的信息框架，框架提供了四个附录，以及各衍生产品的主要风险类别和评估这些风险应掌握的基本信息内容。

（三）最低资本要求

1988 年 7 月巴塞尔委员会发表的《统一资本计量和资本标准的国际协议》（即《巴塞尔协议》）展示了巴塞尔委员会多年来在统一国际银行业资本充足率监管标准方面取得的成果，这一系统针对活跃的国际性银行确立了最低的资本标准。1995 年巴塞尔委员会又对协议进行了修订，增加了衍生金融工具等信用风险换算系数等内容，1996 年 1 月《资本协议市场风险补充规定》将市场风险也纳入了资本充足率的监管体系，进一步完善了《巴塞尔协议》。目前，世界上已有 100 多个国家直接或间接地采用《巴塞尔协议》标准来衡量本国银行的风险程度。该协议的主要内容包括资本构成、风险资产衡量和最低要求比率三个方面。2003 年底巴塞尔委员会在成员国内部的国际活跃银行执行的新资本协议也将最低资本要求作为三大支柱之一。

（四）风险管理措施

巴塞尔委员会 1994 年 7 月与国际证券技术委员会发表的《衍生产品风险管理准则》中，针对衍生产品的各类风险，详细地介绍了一个机构在风险管理各个方面应采取的有效措施。

（1）在信用风险方面的管理措施。巴塞尔委员会提倡金融机构应从客户角度对全部产品的结算中和结算前的信用风险进行评估，鼓励金融机构对其所有的交易对手都应制定包括结算中和结算前风险的信用限额，并将其作为一般原则。

（2）在市场风险方面的管理措施。巴塞尔委员会提倡使用"风险值"方法来衡量市场风险，确保银行所有衍生产品业务所带来的巨大风险能被量化并得到监督和控制。使用风险管理系统就涉及机构总体风险管理状况和衍生产品有效性的利率以及其他市场因素发生不利变化时对机构的收益和资本的影响进行评估。

（3）在流动性风险方面的管理措施。巴塞尔委员会提倡银行将与某种产品或市场有关的和与该机构衍生产品业务的整个融资情况有关的两种流动性风险纳入整个机构的流动性状况之内进行管理。

（4）在操作风险方面的管理措施。巴塞尔委员会提示银行管理层把系统操作、风险报告和监控从业务部门分离出来，由独立部门负责，经常复核前、后台资料库的一致性。银行的管理部门应建立一种机制，使衍生产品合约文件得到确认、维持及妥善保护，根据处理程序中的潜在问题制订出应急计划。

（5）在法律风险方面的管理措施。巴塞尔委员会提倡由银行的法律部门制定得到银行高级管理层和董事会批准的政策，对法律风险加以限制和管理，至少应制定指导原则和程序以确保与交易对方协议的约束力。

（五）国际合作机制

巴塞尔委员会十分重视各国金融监管当局的国际合作，并就此发表了一系列文件。1983 年 5 月巴塞尔委员会发布的《对银行国外机构的监管原则》（又称《巴塞尔协定》）提出了对母国和东道国当局监督银行国外机构的一系列原则。1990 年 4 月发布的《银行监管当局之间的信息交流》（又称《巴塞尔补充协定》）是对 1983 年巴塞尔协定的补充，进一步提出了各国银行监管当局之间的信息交流问题。1996 年 10 月巴塞尔委员会又与银行监管者离岸组织共同准备了《跨境银行监管》，对跨国银行的有效监管提出了 29 条建议，各国银行监管当局之间的信息交流是其中的重要内容之一。

三、巴塞尔委员会衍生业务风险监管技术对我国金融业的启示

目前我国金融衍生业务发展比较缓慢，但加入 WTO 后，我国金融业

逐步与国际金融业接轨，金融衍生业务必将得到长足的发展。金融衍生业务是一柄"双刃剑"，要充分发挥它的避险增值的作用，防范其可能带来的巨额风险。巴塞尔委员会有关金融衍生业务的风险监管技术给我们以下启示。

（1）加强内部控制，防范金融衍生业务的风险。巴塞尔委员会认为，有效的银行监管必须是内部控制和外部约束的统一，外部监管必须以完善的内部控制为基础。商业银行金融衍生业务的内部控制是银行管理金融衍生业务、控制风险的一整套系统，这套系统由商业银行的管理部门组建，由最高管理层掌握，由各业务执行部门参与，目的是维持商业银行金融衍生业务高效有序运行并有效地控制风险。我国中央银行要加强监督，促使商业银行建立完善的内部控制制度，建立职责分明、相互制约的业务执行系统，充分发挥纪检、监察、稽核等内部审计的作用，务必使商业银行的内部控制真正落到实处，以达到防范金融衍生业务风险的目的。

（2）加强管理信息系统的建设，提高我国商业银行风险预警能力。巴塞尔委员会认为，准确、丰富和及时的管理信息系统对于审慎开展各项业务是必不可少的，管理信息系统的质量是影响整个风险管理过程有效性的重要因素之一。我国商业银行应各自建立完整、科学的管理信息系统，全面提升整个银行的总体经营状况和风险状况，以提高风险预警能力。管理信息系统至少应包括各部门职责、各部门业务经营情况、各部门的评价结果、内部操作的合规性情况等内容。

（3）加强金融衍生业务的信息披露，提高金融衍生业务透明度。巴塞尔委员会认为，增加透明度是监管当局对金融衍生业务进行有效监管的重要手段之一。一方面，增加透明度使投资者和存款人能得到比较充分的信息，会促使银行保持完善的风险管理体系，加强内部控制，保证银行的审慎稳健经营。另一方面，准确、及时、完整地获取并处理相关信息，有利于银行监管当局更为及时地制定更有效的措施来防范和化解金融衍生业务的风险。我国中央银行应加强对商业银行金融衍生业务信息披露的研究，制订合理、科学的披露内容，充分提示商业银行的业务风险状况，为加强监管服务。

（4）提高我国商业银行的资本充足率水平，增强防范金融风险的能力。1986年巴塞尔委员会发表的文件《银行表外业务风险管理》强调了银行表外业务所带来的风险和银行表内业务的风险一样是银行业风险的一部分，加强银行表外业务的风险管理具有十分重要的意义。1987年2月，美国联邦储备委员会和英格兰银行就两国实施监管银行的标准达成协议，主要内容之一就是"银行的不列账交易（金融衍生业务交易）应按照风险加权大小计算风险资产比率"。1988年巴塞尔委员会发表了《统一资本计量与资本标准的国际协议》（即《巴塞尔协议》），该协议将金融衍生业务纳入风险资产加权的计算范围，并规定了与表内资产一致的风险资本要求。随着我国商业银行中间业务以及金融衍生业务的飞速发展，商业银行资本充足率过低的弊病将日益突出，提高我国商业银行的资本充足率水平意义十分重大。

（5）加强国际合作，提高我国金融衍生业务风险监管水平。商业银行金融衍生业务风险监管是国际银行业发展过程中遇到的一个共同问题，各国金融监管当局应当在最大范围内进行信息共享，共同解决重大风险问题。对各国商业银行防范和化解金融衍生业务的风险、提高业务经营水平和风险管理能力有着十分重要的指导意义。我国应尽快融入金融监管的国际合作中，加强信息共享，提高监管水平。

纽约中行事件的教训[*]

一、事件回放

美国货币监理署在对中国银行（以下简称中行）在美国的三家分行（纽约分行、华埠分行和洛杉矶分行）进行长达 18 个月的调查和检查后，于 2002 年初发布公告称："1991~1999 年，不安全和不可靠的行为遍及中国银行在美国的三家分行，包括给单个客户风险暴露过高、协助一桩信用证诈骗案和一桩贷款诈骗案、未经许可提前放弃抵押品并隐晦不报，以及其他可疑活动和潜在的诈骗行为。"

针对纽约中行，货币监理署认为："因对与分行前管理层某些人员有个人关系的客户们提供了优惠，导致纽约分行重大损失。"并对其罚款 1000 万美元。货币监理署新闻官罗伯特·加森披露了部分细节：纽约中行曾为一家刚开张的金属贸易公司（以下称 A 公司）贷款 100 万美元，不久后增至 700 万美元，公司连连损失，贷款最后增至 1800 万美元，并全部成为坏账。后纽约中行又给了该公司 5000 万美元低息贷款，还向该公司持有人的妻子所持公司贷款 1200 万美元，并向其管家贷款 300 万美元。纽约中行在与该公司及其关联人士的相关交易中，预计损失 3400 万美元。纽约中行起诉了相关人员，尽管一审胜诉，但由于债务人严重资不抵债，纽约中

＊ 本文于 2004 年 6 月发表于《深圳金融》第 6 期。

行挽回损失的可能性很小。

1998~2000 年，纽约中行客户 A 公司与人合谋将腌蘑菇从智利出口至加拿大，违法贴上"加拿大制造"标签，并免税出口到美国，逃反倾销税和其他税数百万美元，纽约中行资助了该谋划。2003 年 10 月，纽约中行被美国纽约南部地区检察院起诉，后被地区法院罚款 525 万美元。这为"不安全和不可靠的行为"又一次提供了证据。

二、原因分析

（1）基层员工行为失当。A 公司长期伪造交易记录，纽约中行基层员工审查不严，不断加大该公司的信用额度。涉案公司持有人及其亲属注册了若干空壳公司，以假造抵押物和不实抵押物为基础，骗取银行巨额贷款，纽约中行从事信贷审查的员工难辞其咎。更有甚者，纽约中行某员工还与涉案公司勾结，在涉案公司持有人将已抵押予纽约中行的豪宅重复抵押给另一公司时，签署了纽约中行由"第一受益人"转变为"从属受益人"的文件。基层员工的失职行为直接导致了纽约中行的巨额损失，而类似事件曾多次发生。员工对业务应尽职尽责，力争熟悉客户的情况，为银行的利益服务，否则就是有违职业操守。若是还与不法分子狼狈为奸，则更是有违道德操守。如果是屈从于自己的上级管理人员，违心做出某种行为，理应另当别论，但有良知的员工还是应该保留自己的意见，并应向有关部门报告情况，"同流合污"是自甘堕落的结果。

（2）授信过程流于形式。A 公司因私刻公章、伪造保函去纽约交行骗取融资未遂，转而到纽约中行骗取融资，因其与纽约中行业务往来较多，纽约中行并未向担保方面核实就发放了贷款，而在贷款本息久拖未还的情况下，纽约中行还多次提高授信额度，导致损失高达 1200 余万美元。A 公司持有人夫妇及其亲属以真假不同名字注册了 10 余家公司，不断向纽约中行申请授信额度，而纽约中行在该客户及其关联公司长期拖欠巨额贷款未还的情况下，还屡屡为他们提高授信额度，最高时更达到 8500 万美元，最终造成了巨额损失。更有甚者，在明知客户从事违法交易的情况下，为处置不良资产，纽约中行还为客户将授信额度展期，最终招致诉讼。中国银行授信过程有信贷调查、复核、信贷审批、最终放款等至少五道关口，如果其中任何一关本着审慎、负责的态度从事业务，都有可能避免或减少损失，但所有的签字和最终的结果都说明了纽约中行在 1991～1999 年授信业务过程中存在流于形式的情况。

（3）前管理层管控不严。中国银行是我国历史最悠久的外汇银行，有比较全面和严格的内部控制制度，多年来保持了比较良好的国际形象。但纽约中行事件又一次告诫我们，再好的内控制度，不落实也是形同虚设。纽约中行前管理层在管控上至少存在以下几个问题：一是未建立健全的内控机制。纽约中行多年来未设立合规部门（Compliance），未安排专门的合规检查人员，业务过程中的程序合规性和内容合规性没有专人把关。一般而言，合规部人员都比较熟悉相关法律法规，合规部可以直接向总行合规部汇报工作或报告重要情况，设立合规部有可能避免或减少有关损失。二是用人失察。纽约中行某员工与客户里应外合，多次利用信贷审批的权利，为客户提供巨额贷款，导致中行的巨额损失，后被解雇。这种情况反映出纽约中行前管理层对员工教育不够，用人不当。三是干涉具体业务。纽约中行前管理层与社会不法分子联系紧密，不能坚守保护中行利益的受托管理职责，办事不讲原则，最终导致纽约中行的巨额资金损失。

（4）监管当局监管乏力。在美国货币监理署对纽约中行罚款后，中国人民银行也对中国银行处以等值于 1000 万美元的人民币罚款，但作用有限。国内监管当局外语好、业务也好的人员有限，因此人员中从事现场检查工作的更少；由于经费紧张，真正能用于境外现场检查的费用更是杯水车薪，中国人民银行很少能对国内银行的境外分支机构进行比较系统而有效的现场检查。现场检查中发现问题时，被监管者往往找出制度、环境、影响等因素，热衷于对监管部门的决策者进行强大的人情攻势（他们甚至很少在依法经营业务上如此狠下功夫），监管当局迫于压力经常不能依法进行惩处，长期形成的这一习惯也在客观上助长了被监管者肆无忌惮地从事违规活动的嚣张气焰。但对货币监理署披露的情况作如此反应，有业界人士质疑监管当局虚张声势。国内银行的境外分支机构在国外普遍备受挤压，市场准入十分困难，经营环境比较恶劣，监管当局应为境外分支机构争取适当的经营环境。同时，监管当局对同一事件进行重复处罚，虽不能说落井下石，但确实略嫌不妥。

三、教训与对策

（1）用好人是事业成功的关键。用什么人和如何用人是纽约中行事件的一个重大教训，纽约中行事件中最大的失误在于对前管理层人员的任用。用人应该用其所长，并且应该对每个人都有所约束，否则仅靠自律很难保证负责人的勤勉尽责，缺乏必要的监督对人才的成长是不利的。尤其重要的是对负责人的任用，负责人代表一个部门的形象，负责人的作风影响一个部门的作风，古话"上行下效"和"上梁不正下梁歪"说的就是这个道理。纽约中行前负责人与个别客户过从甚密，业务往来中不按原则办事，没有从中国银行的事业和利益出发，严格控制业务过程中可能存在的风险，违反制度为某些客户提供超额授信，导致中国银行巨额损失。纽约中行有了这样的前管理层，出现以手中的业务审批权力牟取私利、敷衍塞责甚至与人勾结损害中行利益的信贷人员和风险管理人员也就不足为奇了。

（2）制度要既能管事又能约束人。这里要说的仍然是"人治"还是"法治"的问题。中国银行的各项业务办法、规章制度大大小小达几百项，按理这些业务"法"应当具有极强的约束力，任何个人都不应凌驾于其上，但一旦涉及到"人"，尤其是管理人员时，"法"的力量常常退居次要地位了，中国人骨子里对于上级和权力人员的那种"唯上、唯权"的惯性经常让我们屈从于上级的命令，往往把所有缜密而有效的规章制度抛之脑后，将对"法"的篡改和曲解的能力发挥到极致，不断地去蔑视它和践踏它，而受到的惩罚经常是在"上级"倒台后那一段手足无措的日子，然而不久又风平浪静地重复这一过程，直至成为那极少数被追究的"上级"。

人大于法、责任追究机制不健全是整个问题的制度性原因，更深层次的原因之一则是银行业的产权问题。

（3）产权涉及银行最根本的问题。国有控股是我国银行业股权模式的最主要特征，产权主体虚置，没有人真正对银行负责，导致公司治理出现了较多问题。具体表现在：治理结构不健全，治理机制不完善；银行机构机关化，经营目标多元化；业绩考核不科学，激励机制不健全。解决问题的措施：一是推进银行业的股权改革，促进银行业股权结构的多元化，在现有银行中更多地引入私人股东，逐步设立私人银行（也称民营银行），将银行业的产权主体真正落实到有责任能力的主体上来。二是健全股东大会制度，各种性质的投资者代表都应参加股东大会，确保董事会科学民主决策、监事会全面发挥对银行高层管理人员和业务经营的监督作用，切实保护中小投资者的合法利益。三是构建科学的考核体系，形成合理的激励机制，将员工的业务考核与他对银行的贡献结合起来，由银行的真正股东来为对银行做出重大贡献者支付高薪。显然，产权明晰并不必然解决问题，但产权明晰有利于解决问题。

（4）金融监管工作要有新的突破。随着时间的推移和形势的变化，理应为金融监管赋予与时代发展相一致的更丰富的内涵。①创造健康的金融发展环境，为金融企业提供良好的金融服务，应当成为新时代金融监管的核心要求。在对银行业求全责备的同时，监管当局应当反问应该为银行业做些什么，到底为银行业做了些什么。监管当局应当努力创建良好的社会信用机制，提高银行核销坏账的自主权，进一步减轻银行业的税务负担，为银行业提供更为良好的经营环境。②完善银行业市场准入制度，是提高金融监管和金融服务水平的重要内容。大胆实验、积极探索，明晰银行业产权关系，取消对银行产权主体的准入限制，促进银行业实现充分竞争。放宽对银行业业务准入的审批，大张旗鼓地支持银行业的业务创新和制度创新，彻底摒弃只有法规允许的才可以做的旧思路，逐步树立只要法规不禁止的都可以做的监管新理念，用实际行动为银行业"减负"。③持续有效的现场检查和严格的责任追究制度，是提高金融监管水平的可靠手段。

加强对员工的培训工作，努力提高监管人员的业务水平，强化对银行业的现场检查监督，及时发现风险苗头。一经发现问题，要迅速加以解决，确保金融稳定。对有关责任人，应当层层落实，依法追究，毫不留情，绝不手软，树立监管当局的权威。④服务、检查与处罚并重，服务是基础，检查是手段，处罚是保证，三者共同筑成金融监管的钢铁长城。

英国 ARROW 风险监管体系对我们的启示*

一、ARROW 风险监管体系概述

2002 年英国金融服务局（Financial Services Authority，FSA）用 ARROW 风险监管体系代替了原伦敦银行 1995 年开始使用的 RATE 评级体系，对英国所有金融机构进行风险监管。

英国金融服务局将 14000 家机构（包括银行、证券和保险机构）按影响力分为四类：高影响力机构（资产大于 180 亿英镑或存款大于 65 亿英镑）、中高影响力机构（资产大于 18 亿英镑或存款大于 6.5 亿英镑）、中低影响力机构（资产大于 9000 万英镑或存款大于 3250 万英镑）和低影响力机构（资产小于 9000 万英镑或存款小于 3250 万英镑）。英国金融服务局只对前三类约 5000 家机构进行风险评估，一般每 12~18 个月进行一次现场检查。对影响力最小的一类共 9000 家机构则不作风险评估，日常监管也较少涉及。

ARROW 风险评估体系包括确立评估范围、进行初步评估、通过现场检查完善相关信息、评估小结、制定风险缓释计划、评估的确认和沟通、监控和实施风险缓释计划七个有机联系的环节。其主要特征是：重点关注对英国金融服务局法定目标构成威胁的内部风险的影响力和可能性；风险

* 本文成于 2004 年 5 月，后收录于《银行监管探索》（中国金融出版社 2006 年版）。

2004 年 4 月 20~23 日，笔者参加了由银监会国际部、中国银行业协会和中欧金融服务合作项目办公室在北京举办的银行监管国际研讨会，本文可视为研讨总结，但仅代表个人观点。感谢研讨会举办方、瑞典央行专家斯坦库勒（Peter Stenkula）博士和英国金融服务局专家保尔（Alan Frederick Ball）先生。

监管体系没有严格和统一的标准；风险评估的结果以信函的形式发送给被评估机构的董事会，信函将阐明英国金融服务局对机构风险的评定、风险缓释计划、实施计划的时间表等；风险缓释计划强调高层管理人员建立和实施有效的内部控制以及按照英国金融服务局的要求管理机构的职责；风险评估是一种有别于现场检查的全面的、高层次的活动；英国金融服务局将视风险缓释计划执行的具体情况制定时间表并对机构进行再评估。

英国金融服务局对各项业务的监管指引和要求都公布在其网站（www. fsa. gov. uk）上，方便公众查询，增强了监管信息的透明度。对一些无法确定统一标准的业务事项，英国金融服务局则制定统一的工作程序，用来规范监管行为，如 ARROW 风险监管体系的监管原则和工作流程等。

英国金融服务局十分重视对金融机构的服务工作，努力创造条件支持金融创新。同时，英国金融服务局对金融机构的违规处罚十分严格，尤其注重对高层管理人员履职情况的监管，对失职人员处罚完全依法进行，基本没有弹性，从约见谈话到建议董事会解除高层管理人员职务等措施都能真正落实，树立起了较高的威信。因此，金融机构高层管理人员也都比较自律，十分注重自己的执业声誉。

二、ARROW 风险监管体系对我们的启示

1. 加强监管标准化，规范监管行为

原中国银行业监督管理委员会（简称银监会）自 2003 年 4 月 28 日成立以来，十分重视监管的标准化工作，出台了一系列监管标准。2003 年 12 月公布的《中华人民共和国银行业监督管理法》是银行业监管最高层次的标准，陆续出台的《汽车金融公司管理办法》《境外金融机构投资入股中资金融机构管理办法》等十项办法是规章层面上的标准，这些标准为其自身及其派出机构的日常工作打下了坚实的基础，使得中国的银行业监管有了规范的程序要求和操作指引，这些举措在社会上引起了广泛关注。

但目前我们某些工作还滞后于实际需求，如现场监管和非现场监管的

标准、要求、程序和方法等尚未完全出台，监管报告的格式等也未制定并公布，这些未完成的重要基础工作，对各地银监局的工作效率和工作质量有一定影响。深圳银监局在这方面进行了有效探索，通过集体研究、认真讨论、精心收集和细致归纳，制定了比较详尽的《中国银行业监督管理委员会深圳监管局监管工作规程》，用于指导深圳市银行业监管实践。深圳银监局还通过定期发布监管白皮书的方式与深圳市银行业机构交换信息。标准公开，信息共享，这些举措得到了大家的认同。

2. 实施持续监管，杜绝运动式监管

银行业监管是周期性的，监管当局应当根据不同时期的不同监管重点，选准金融监管的着力点，切实将金融监管融入金融企业完善内部控制、加强管理的工作之中，避免无效劳动。通过深入分析机构资产规模、业务特性和风险管理等因素，确定监管周期。每一周期结束时，监管人员根据本周期内监管工作情况和发现的问题，对机构进行风险评估，同时做出下一周期的监管计划并通知被监管机构。对于上一周期发现的问题，监管人员要在下一周期跟踪监管，检查其改进情况。在周期性的监管安排中，监管当局能够有计划、有步骤地实施监管，合理配置监管资源，不断总结和改进监管工作，逐步提高监管质量；银行业机构则可以按照既定要求配合监管工作，在监管目标的指引下加强管理和内部控制。

我国银行业监管的理念正逐步向持续监管转变，原中国银监会成立以来部署了多项现场检查工作，取得了显著成效。纵观我国银行业监管历史，以运动式监管代替持续监管的现象比较常见，这在一定程度上影响了监管质量。例如，现场检查项目多由社会热点问题引发，各项目之间联系不紧密，整体感不强，缺乏总体规划和统筹安排；现场检查项目往往呈现出频率高、时间短、偶然性强等特点；现场检查跟着经济热点走，没有牢牢抓住风险监管这个根本问题。我国银行业监管史上常见的这种监管当局"救火队"类型的运动式监管不容易得到被监管机构的认同。

3. 服务、检查与处罚并重，树立监管威信

提供金融服务、现场和非现场检查、对违法违规行为的处罚是银监会

进行银行业监管的三驾马车，服务是基础，检查是手段，处罚是保证，三者共同构筑银行业监管的钢铁长城。

有效的银行监管应当包括以下几方面工作内容：①创造健康的金融发展环境，为金融企业提供良好的金融服务。我们应当多反问应该为银行业做些什么，到底为银行业做了些什么，应当努力创建良好的社会信用机制，提高银行核销坏账的自主权，进一步减轻银行业的税务负担，为银行业提供更为良好的经营环境。②完善银行业市场准入制度，提高金融监管和金融服务水平。大胆实验、积极探索，明晰银行业产权关系，取消对银行产权主体的准入限制，促进银行业实现充分竞争。放宽对银行业业务准入的审批，支持银行业的业务创新和制度创新，彻底摒弃"只有法规允许的才可以做"的旧思路，逐步树立"只要法规不禁止的都可以做"的监管新理念，用实际行动为银行业"减负"。③建立持续有效的现场检查制度和严格的责任追究机制。加强培训工作，努力提高监管人员的业务水平，强化对银行业的现场检查监督。发现问题迅速加以解决，确保金融稳定。对有关责任人，应当层层落实，依法追究，毫不留情，绝不手软，树立监管当局的权威。

五

顶层设计

银行业董事责任的国际比较及启示[*]

一、我国银行业董事责任现状

我国银行业市场化程度比较低，公司治理很不健全，基本没有建立董事责任制度。银行股东大会流于形式，受控股股东把持的情况比较严重。大部分银行没有建立董事会，基本上是银行党委会代替了董事会。有的银行董事会流于形式，成了橡皮图章；有的银行董事会职责不清，董事会决策权和经营权不分，董事长和行长争权夺利，董事会经常干预经营管理者的活动。董事的产生随意性比较大，有的由政府指定，有的由股东指派。有的董事没有基本的金融常识，有的董事不清楚董事的职责，更有的董事几乎从未参加过董事会会议，董事成为一种高薪的福利。我国银行业几乎没有建立各种专门的委员会来执行专门事务，即使建立了委员会也流于形式。很少有独立董事参加董事会，即使有也很难发挥作用。董事会会议随意性比较大，没有形成制度。各董事都代表各自股东的利益，很少顾及银行的长期发展，没有长远眼光，只看短期利益。董事会对银行发展没有长远规划，决策短期化现象严重。董事会搞"一言堂"，董事长说了算。基本没有建立董事责任的追究机制，董事对决策无法发表意见，也无法追究董事责任。董事长、行长和董事等高层管理人员互相勾结，银行内部人控制问题比较突出。

---

[*] 本文于 2002 年 12 月发表于《深圳金融》第 12 期，作者为欧阳韶辉与胡书。

中国人民银行于 2002 年 6 月 4 日发布的《股份制商业银行公司治理指引》和《股份制商业银行独立董事和外部监事制度指引》规定：董事应当具备履行职责所必需的专业知识和工作经验，董事的任职资格须经中国人民银行审核并应接受中国人民银行的任职资格培训。董事依法有权了解商业银行的各项业务经营情况和财务状况，有权对其他董事和高级管理层成员履行职责情况实施监督。商业银行内部稽核部门对内设职能部门及分支机构进行稽核的结果应当及时、全面报送董事会。董事对商业银行及全体股东负有诚信与勤勉义务。董事应当按照相关法律、法规、规章及商业银行章程的要求，认真履行职责，维护商业银行和全体股东的利益。董事个人直接或者间接与商业银行已有的或者计划中的合同、交易、安排有关联关系时，不论有关事项在一般情况下是否需要董事会批准同意，董事均应当及时告知董事会、监事会其关联关系的性质和程度。商业银行应当建立独立董事制度，独立董事应当获得适当报酬。独立董事在履行职责过程中，发现董事会、董事、高级管理层成员及商业银行机构和人员有违反法律、法规、规章及商业银行章程规定情形的，应及时要求予以纠正并向中国人民银行报告。指引的发布意义重大，但中国人民银行还须在今后的工作中对商业银行进行监督落实。

二、美国、日本、中国香港银行业董事责任制度状况

（一）美国银行业董事责任制度状况

美国银行业公司治理的核心内容是美国银行董事任职的一系列规定，具体包括商业银行董事的任职资格、职能、责任和风险管理等内容。一是规定了董事任职的三项基本条件和四个标准，保证银行董事尽可能被人们所了解，并有合格的专业技能和聪明才智，以便制定政策时为银行做出有价值的贡献。二是规定了银行董事七个方面的职能和责任，包括：确定全局性目标并制定各项政策；挑选得力的工作人员；成为高能管理人员的顾

问；履行社会责任；设立各种委员会并进行有效管理；委派可靠的主管负责安全保卫；监督银行工作进展情况以保证各项政策能按法律规定和业务经营规章贯彻执行。三是规定了银行董事应负的一般责任、董事责任和刑事责任及相关罚则。一般责任包括：①应能有效地监督银行和慎重挑选职员。②应参加相关会议，不得麻痹大意，为增加银行收益而进行投机业务。③应熟悉银行各项政策，不得批准不合理的贷款。④应适当检查银行各项记录。上述造成的损失须以个人财产赔偿。董事责任包括：①明知银行准备金不足仍批准发放贷款的责任。②支付存款利率超过法定限额的责任。③指示编制假账的责任。④对本行主管人员或董事贷款超限额的责任。⑤购买有价证券时采取操纵市场或欺诈做法的责任。刑事责任包括：①编造假账和假报表的责任。②滥签保证支付，盗窃、贪污，编造假报告向 FDIC（联邦存款保险公司）申请赔偿金。对银行检察官行贿、送礼或发放贷款。借贷款之机接受贿赂，进行不合法的政治性捐款，同意银行参与彩票买卖。如有上述行为将被处以 5000 美元以上罚款或五年以下监禁。四是规定了银行董事的风险管理措施：银行董事必须十分熟悉有关银行的法律制度和内部规范；参加董事责任保险，作为银行的正当开支。

（二）日本银行业董事责任制度状况

日本商法和商法特例法对董事责任也有比较明确的规定，1990 年的修正案还引入了独立董事制度，日本法例对董事责任的追究是十分严厉的。日本商法规定董事及监事要在股东大会上对股东要求的事项做出说明。股东大会为了对董事提交的文件及监事提交的报告书进行调查，可特别选任检查员。还规定了不得为董事的四种情况。同时又规定董事负有遵守法令或章程规定及股东全会决议，为公司忠实执行其职务的义务。在董事责任条款中规定：①违反规定向股东大会提出有关收益分配的议案，或违反规定分配金钱；②违反规定提供财产上的利益；③向其他董事借出金钱；④进行关联交易；⑤实施违反法令或章程的行为。实施上述五项行为的董事就公司蒙受的损害额，对公司负连带清偿或赔偿责任，表决时未提出异议的董事也将受到追究。董事责任条款还规定：①董事行使其职务属恶意或有重大过失，该董事对第三人亦负连带损害赔偿责任。②董事在股票认购证、新股认购证、公司债认购证、公司债发行说明书或公告的文件上对应予以记载的重要事项作虚假记载，或进行虚假登记或公告时，也负连带损害赔偿责任。

（三）中国香港银行业董事责任制度状况

中国香港金融管理局认真研究全球银行业公司治理的现状及趋势，借鉴其他地区银行公司治理成功经验，结合当地银行业实际，于 2000 年 5 月发布了《银行公司治理指引》，规定了银行董事责任的一些具体内容。一是明确银行董事局的责任。强调董事局对银行的业务运作及财政健全负有最终责任。二是强调了董事的法律责任和义务。中国香港原普通法规定银行董事会董事必须履行两项主要职责：受托人的职责和看管的职责。受托人的职责要求董事竭诚为银行服务，看管的职责要求董事应孜孜不倦地管理银行的事务。中国香港《银行业条例》规定银行董事对银行机构能否遵守所有法律及规例，特别是《银行业条例》负有最终责任。对于未能遵守规定的情况，董事须以个人身份负责。三是董事局必须确保建立风险管理制度，以识别、衡量及控制银行所承受的各类风险。四是董事局应对管理层及股东控股权人的影响力保持适当的制衡，以确保银行做出的决定能符合银行最大多数股东的利益。银行董事局最少应有三名是独立身份的非执行董事，独立董事不能选自银行管理层，并且不涉及任何可能会实质上妨碍其独立判断的业务或其他关系，且要报金融管理局评估、认可。银行董事局主席与银行行政总裁应分设，若一人兼任，则独立非执行董事应超过三名。金融管理局许可银行额外委任被视为具有较大独立性的董事。五是每家银行的董事局都应设立审计委员会，并以书面形式确定该委员会的职责。审计委员会应由非执行董事组成，大部分更应具独立身份。六是银行董事局宜每月或最少每季开一次会，并保留会议记录全文。

三、境外银行业董事责任制度的比较

（一）美国银行业董事责任制度的利弊

美国银行董事的任职资格比较严格，保证了董事的基本素质。银行董事的职能和责任十分明确，有利于充分发挥银行董事会的作用。美国法律的规定也十分严格，对董事责任的追究往往能够落实。美国银行董事的报酬制度比较灵活，与其业绩相关性比较大，相应也能起到一定的激励作用，对董事责任的落实也有很大的帮助。美国银行在董事的风险管理方面较早地做了许多探索，积累了宝贵的经验。美国银行董事责任制度在赋予银行董事们高额薪酬请求权的同时也给他们带来了巨大的压力，促使他们认真决策，勤奋工作，最大限度地为银行股东创造利润，同时也使得美国银行能稳定健康发展。

美国银行的董事由股东大会选举产生，其中外部董事经常占到董事会成员的一半以上。外部董事的素质参差不齐，决策能力差别很大，经常出现董事在决策过程中无法表示意见因而作用不大的情况。董事会下设各执行委员会专业性比较强，超出了其中一些董事的技能水平，他们面对复杂的专业问题时常有力不从心的感觉。董事责任巨大相应地要求有巨额的薪酬作为补偿，加上董事责任保险支出，较大地增加了银行的费用负担。严格的董事责任追究制度也对董事会决策产生了一些负面影响，比较容易出现决策行为短期化的现象。同时严格的董事责任追究制度也对董事会和经理人的关系产生了影响，董事会常常将决策的失误推脱到经理人经营不力上，频繁更换经理人和大规模的并购等现象经常与此相关。

（二）日本银行业董事责任制度的利弊

日本银行业除近几年引入了独立董事的少数银行外，其余银行的董事全是内部董事，基本上是从银行内部工作多年的经理中选出。董事与银行的关系十分密切，董事对银行的责任感很强，基本不会出现代理人问题，银行很少出现敌意并购事件。

但日本银行董事们长期受一种企业文化的熏陶，创新意识不强，创新能力不足，决策因循守旧，对经营干预较多。日本银行业董事的薪酬制度缺乏激励作用，主要依靠职务晋升等事业型激励。除刑事责任外，日本银行董事责任的追究经常通过职务罢免的方式进行，对银行董事的威慑力不够。

（三）香港地区银行业董事责任制度的利弊

以中国香港、中国台湾为代表的东南亚国家和地区同某些拉美国家和地区一样，银行的家族式控制特征比较明显，董事成员家族化，董事尽职尽责，对维护控股股东或其家族的利益相当有利。

董事成员家族化不利于对董事责任的深入追究，董事责任制度流于形式。银行董事会决策不透明，家族成员把持各执行委员会，审计和稽核的作用无法正常发挥，银行的经营者被剥夺了基本的经营自主权，一切事务由控股家族主持，董事责任常常由经营者被动地承担，追究董事责任成了排斥异己的手段。

四、境外银行业董事责任制度的启示

（1）我国应尽快建立适应市场体制的商业银行体系。1992 年 10 月，党的第十四次全国代表大会第一次正式明确提出了我国经济体制改革目标是建立社会主义市场经济体制。我国银行在产权制度和管理模式等方面由于历史局限，与市场经济体制不太适应。在社会经济细胞——企业的市场化程度不断提高的今天，客观上要求提供配套金融服务的商业银行，也要不断提高市场化水平，真正成为微观经济主体。我国银行最终一定要成为高度市场化的微观经济主体即完全意义上的商业银行，健全公司治理。

（2）建立和完善银行管理的法律体系。由于银行在现代经济生活中的重要性，应该在法律制度上严格确定银行管理者包括董事会全体董事的法律责任和义务。在商业银行违法、违规时，主要责任不应由商业银行机构主体承担，而应由商业银行的董事们或高级管理层个人承担经济责任甚至刑事责任，以促使银行的董事及管理层真正尽职尽责。

（3）建立健全董事责任和董事责任的风险管理制度，在增加银行董事的压力的同时也给他们带来动力。应将银行董事应承担的责任（主要是董事责任和刑事责任）落到实处，在董事失职时严格追究。要建立富有激励作用的薪金制度，以刺激精明能干的职员并重用诚实正直的职员。银行董事应该参加董事责任保险，并将保险费用作为银行的正当开支。

（4）金融监管部门应逐步建立风险为本的监管制度。①指导商业银行改善组织管理结构，建立董事会领导下的相互制约、相互监督的组织结构框架和监督管理体系。相互制约的银行组织结构是银行公司治理的主要内容之一，在现有产权制度下，调整商业银行董事会人员结构，增加非执行董事；请一些具有高度责任心、拥有丰富的银行管理经验和较高理论水平的人加入商业银行董事会；增加独立董事数量，确保每家商业银行不少于三位独立非执行董事；细化董事职责，建立董事责任追究制度，增强董事的责任感。督促商业银行建立董事局领导下的各专责委员会议事的制度，明确行长作为行政执行总裁的职责和地位，明确商业银行董事会主席（董事长）和行长不得由同一人兼任；建立健全直接由董事会任命并向董事会负责的独立于商业银行经营体系的监察稽核系统，其费用由董事会拨付。②指导商业银行健全内控制度，建立内控、风险管理执行情况的检讨机制，特别是贷款或投资损失检讨机制，明确责任，查找政策及程序缺陷，及时修正补充；定期检查政策及制度执行情况，建立外部监管部门、外部审计师、银行内部稽核部门三位一体的监督机制，促使其对其内控、风险管理制度不断完善。③改进对商业银行的监管方式，充分发挥会计师事务所等社会中介机构的作用。规定银行必须有外聘审计师，监管机构定期与银行和银行外聘审计师举行三方会议，了解银行经营、风险管理、内控制度制定及执行方面存在的问题，并跟踪商业银行整改情况。④建立各级监管机构主要负责人每年与各监管对象高级管理层进行年度会面的制度，双向交流以加强监管机关与银行高级管理层的沟通。⑤监管当局要制定更加细化、更具操作性的银行业务管理指标和比率控制指标体系。⑥细化银行业公司治理指引或出台有关实施细则。建立商业银行董事管理政策，制定详细的商业银行董事职责及监控制度，尽快出台向有关联人士贷款等方面的指引。

商业银行公司治理存在的问题及对策[*]

随着经济全球化进程的推进，金融市场开放程度的提高，科学技术的迅猛发展，银行业的各类风险也在不断加大。银行风险的发生不仅影响广大储户和企业，也会影响整个金融体系的稳定，严重的还会影响国民经济健康发展和社会稳定，因此实施有效的公司治理制度，维持银行体系的整体稳定与有效运行具有十分重要的意义，我国银行业也只有建立健全的公司治理机制才能进一步深化改革。

一、中国银行业公司治理存在的问题

（1）银行业国有控股，产权主体虚置。目前我国国有银行在商业银行体系中占绝对主导地位，无论是资本金、业务量、机构数量还是从业人员都占据了绝对的优势，这是我国银行业历史发展的结果。我国现有四大国有独资商业银行的资本金都由国家财政承诺或拨付，国家拥有百分之百的股权，国家派出高级管理人员进行经营管理，国有银行在一定程度上代表着国家信誉。我国现有全国性股份制商业银行共十家，它们的控股股东或主要股东也都是全国或地方性大中型国有企业（如中国民生银行的十大股东中有民营企业四川新希望农业股份有限公司及其子公司四川南方希望有限公司）①。我国地方性商业银行主要包括各地的城市信用社（或农村信用

---

* 本文于 2003 年 4 月发表于《中国金融》第 7 期。
① 资料来源：中国民生银行 2002 年第三季度报告。

社）改制而成的城市商业银行（或农村商业银行）以及各地特殊性质的商业银行，这些商业银行尽管股权结构比较复杂，但有一个共同点，就是主要股东都是当地政府相关单位或当地的国有大中型企业。因此，我国银行业股权结构都具有比较明显的国有化特征。国有产权缺乏一个人格化的产权主体，产权虚置问题严重。

（2）治理结构不健全，治理机制不完善。我国银行法人治理的情况比较复杂，有的银行没有成立董事会（如中国工商银行、中国农业银行、中国建设银行等），中国银行最早与国际接轨，但其董事会成员大部分是其经营班子成员。有的银行没有成立监事会，对高级管理人员的行为缺乏监督。由于我国特有的政治组织要求党领导一切，有的银行党委书记对银行事务管得过多过死，束缚了银行经营班子的手脚。董事会、监事会、经营班子职责不清，有的银行董事会权力过大，既掌握了决策权又控制了经营权；有的银行董事会形同虚设，只是橡皮图章；等等。银行经营管理中"人治"现象比较突出，内部人控制现象比较严重。

（3）银行机构机关化，经营目标多元化。我国银行业行政色彩浓厚，行政级别观念太强，官本位思想严重，经营人员对政治前途等过分重视，致使在银行经营中也发生了目标错位。政府对银行的干预还表现在把一些政治任务或政策性业务强加给银行，致使我国银行承担了太多的政治使命，经营目标的多元化必然与本应面向市场的商业银行利润最大化目标相悖。反过来说，经营目标多元化又给我国银行业经营者的经营效率低下状况提供了借口，成为他们推脱责任的"保护伞"。目前，四大国有银行在寻找不良贷款居高不下的原因时，往往将部分甚至大部分责任推给政府干预或政策性业务未能完全从国有银行中分离出来，以及财政的予取不平衡等。

（4）业绩考核不科学，激励机制不健全。目前我国银行业在高级管理人员的任命上搞行政任命制，使得他们片面追求行政级别，形成了与机关运行相一致的企业文化，运作效率低下，缺乏市场竞争氛围。上级（国家和各级政府部门）在考核银行绩效时不以其创造的利润为重要考核指标，对银行高级管理人员的职务任命和职位晋升不以其经营业绩为主要依据，银行经营过程中缺乏健康的激励机制，不是追求银行利润的最大化，而是片面追求资产规模和发展速度，信贷资金配置效率低下，银行虚盈实亏严重。

（5）信息披露不健全，经营管理透明度低。银行的信息披露是公司治理中的一个重要环节，它涉及股东和经营者之间、管理者和被管理者之间、监管者和被监管者之间、上级行和下级行之间的信息对称问题。我国银行业信息披露机制不完善，数据真实性差，给银行业的经营管理带来了很大困难，也给我国银行业与国际金融业的竞争与合作，尤其是股权合作与国际并购带来了极大的负面影响。

二、改革中国银行业公司治理的政策建议

（一）明晰我国银行产权关系，完善银行业法人治理结构

银行业是竞争性行业，国家没有必要在这个行业继续保持全额资本或者维持绝对控股地位。应当逐步降低国有股权在银行中的比重，将银行产权主体落实到能真正行使财产所有权的主体上，使银行的投资者即银行财产所有者可以凭借其对银行投资额的比例真正行使管理银行的权力并承担责任和义务，最终达到完善法人治理结构的目的。我国应当适时地推进银行业的股权改革，按照现代公司治理模式的要求，促进银行业股权结构的多元化，放宽对参股银行业的限制，在国有银行和股份制银行中更多地引入民营企业或个人股东，逐步设立一些民营银行和私人银行，以促进银行业的充分竞争。

（二）健全股东大会制度，切实保护各方投资者的合法权益

我国银行业的股权改革要求健全股东大会制度，股东大会作为银行的最高权力机关要发挥出应有的作用。国有股权的代表、民营企业的代表和

个人投资者代表都应参加股东大会，对董事会和监事会的工作情况发表意见，确保董事会科学民主决策、监事会全面发挥对银行高层管理人员和业务经营的监督作用，以确保中小投资者利益不被大股东凭借信息等方面的优势剥夺。要建立和健全董事会报告制度和监事会报告制度，维护监事会工作的独立性，对董事会进行必要的权力制衡。

（三）明确董事会职能，引入独立董事和董事责任追究制度

建立了明晰的银行业中的产权关系，就能建立职能明确的董事会。董事会是银行治理的核心，董事会决策是否科学对银行业的发展前景意义重大。中国人民银行于2002年6月4日发布的《股份制商业银行公司治理指引》和《股份制商业银行独立董事和外部监事制度指引》①对董事任职资格、董事的权利和义务、董事会的职能、董事责任等作了明确规定。根据中国人民银行的要求，我国银行业应当建立独立董事制度，在选择和聘任上具有独立性，不受内部董事影响。独立董事应由财务、金融、经济和市场等方面的专家担任。董事会中应当建立各专门委员会，由专业人士对各专门业务进行决策。还应当建立董事责任追究制度，对不履行董事义务或发生过错的董事进行责任追究，以提高董事会决策的科学性。

（四）强化监事会职能，发挥监事会的作用

明晰的银行产权关系要求实现银行内部权力的制衡，监事会是进行权力制约的专门机构。我国银行业应当强化监事会的监督职能，改变对监事会的错误认识，选拔有能力、有知识、有道德、讲原则的人员加入监事会，给他们创造良好条件，使他们能够对银行业务经营和高级管理人员工作情况进行监督检查，充分发挥监事会的作用。主要手段是建立明确的监事会职责和权限、工作规则和议事程序，避免监事会的操作流于形式。

---

① 中国人民银行，http://www.pbc.gov.cn。

（五）构建科学的考核体系，形成合理的激励机制

对银行员工的业绩考核应当改变以前的重工作量不重工作质量、重同事关系不重业务能力的考核方式，将员工的业务考核与其工作贡献结合起来，加强对每个员工和每项业务的成本归集和成果核算，量化员工和业务对银行的贡献。在公开公平考核员工业绩的基础上，更多地将收入水平与业绩挂钩；根据不同岗位为银行创造的价值确定不同岗位的收入水平；提高银行高层管理人员的工资和奖金，将高级经营管理人员的收入和部门业绩联系起来；改革福利制度，推进隐性福利的货币化；引进递延的报酬计划，把员工的收益和银行的长期效益、资产质量等联系在一起。

（六）做好银行业信息披露工作，增加银行业的透明度

银行信息披露的不充分主要源于银行信息披露准则的不完善和不健全，我国银行和证券监督管理部门应进一步补充和完善信息披露准则，要求各银行完整、准确、及时地披露资产质量水平、利润计算方法和各项准备金的计提制度等重要内容，并要求各银行的董事长承担信息披露不全、不实或延误的责任，从制度上保证银行会计、统计等业务信息的真实性。

银行业股权模式与公司治理[*]

银行股权结构指的是一家银行的不同类型股东，由于在股本数量上占有比重的不同而引起的，各股东在支配银行的能力方面所表现出来的差异。银行股权模式是指由银行股权结构所决定的银行的股权组织形式，以及在这种股权组织形式下所产生的银行权力分配和权力制约方式。不同的银行股权模式会产生不同的银行内部权力分配和权力制约方式，进而产生不同的银行经营管理方式。

公司治理又称企业管治或公司管治，指的就是企业为达到经营目标所实施的有效协调公司管理层、董事会、股东及其他与企业利益攸关的人士之间的相互关系的一种管理制度。公司治理包括企业的产权结构、管理组织结构、激励机制和信息披露等内容。银行公司治理是在法人财产委托代理制条件下，银行为实现自身稳健发展所实施的有效协调银行管理层、董事会、股东及其他与银行利益关系密切人士之间相互关系的一种制度安排。

银行业股权模式决定了银行业股权主体的构成，决定了各股权主体对银行利益的关注度，也决定了他们对银行业务参与的程度，进一步决定了银行业各利益相关者的关系，是银行业公司治理的基础。银行业公司治理状况通过影响银行业经营管理，对银行的市场表现产生一定的反作用，并进而对银行业的发展、银行业的兼并收购等银行业股权的变化产生反

---

[*] 本文于 2003 年 6 月发表于《金融经济》理论版第 1 期。

作用。

现代商业银行公司治理主要有四种模式：以外部人监督为主的市场型公司治理模式、以内部人监督为主的关系型公司治理模式、以家族控制为主的家族型公司治理模式和以国家监督为主的行政型公司治理模式，我国银行业公司治理模式就属于行政型公司治理。

由于我国银行业股权模式中国有控股是最主要特征，导致我国银行业公司治理存在几个方面的重大问题。一是银行业国有控股，产权主体虚置。目前我国四大国有独资商业银行的资本金都由国家财政承诺或拨付，国家拥有百分之百的股权；十家全国性股份制商业银行的控股股东或主要股东都是全国或地方性大中型国有企业；地方性商业银行的主要股东也都是当地政府相关单位或当地的国有大中型企业。二是治理结构不健全，治理机制不完善。我国银行业董事会、监事会、经营班子职责不清，"内部人控制"严重。三是银行机构机关化，经营目标多元化。我国银行业行政色彩浓厚，官本位严重，经营人员过分重视政治前途，在银行经营中发生目标错位。四是业绩考核不科学，激励机制不健全。目前我国银行业在高级管理人员的任命上搞行政任命制，使得他们片面追求行政级别，形成了与机关运行相一致的企业文化，银行业运作中效率低下，缺乏浓厚的市场气氛。五是信息披露不健全，经营管理透明度低。我国银行业信息披露机制不完善，数据真实性差，给我国银行业的经营管理带来了很大困难，也对我国银行业与国际金融业的竞争与合作，尤其是股权合作与国际并购等产生了极大的负面影响。

我国银行业建立健全的公司治理机制可以采取以下六个方面的措施：一是明晰我国银行产权关系，完善银行业法人治理结构。我国应当适时地推进银行业的股权改革，按照市场型银行治理模式的要求，促进银行业股权结构的多元化，在国有银行和股份制银行中更多地引入民营企业或个人股东，逐步设立一些民营银行和私人银行，促进银行业的充分竞争，将银行业的产权主体真正落实到有责任能力的主体上来。二是健全股东大会制度，切实保护各方投资者的合法权益。国有股权的代表、民营企业的代表和个人投资者代表都应参加股东大会，对董事会和监事会的工作情况发表意见，确保董事会科学民主决策、监事会全面发挥对银行高层管理人员和业务经营的监督作用，以确保中小投资者利益不被大股东凭借信息等方面的优势剥夺。三是明确董事会职能，引入独立董事和董事责任追究制度。董事会是银行治理的核心，我国银行业应当建立独立董事制度和董事责任追究制度，以提高董事会决策的科学性，最大限度地为股东利益服务。四是强化监事会职能，发挥监事会的作用。明晰的银行产权关系要求实现银行内部权力的制衡，只有真正落实了股东的权益，一切从全体股东的利益出发，才能避免监事会的操作流于形式。五是构建科学的考核体系，形成合理的激励机制。只有理顺银行的产权关系，才能将员工的业务考核与他对银行的真正贡献结合起来，才能由银行的真正股东来为对银行做出重大贡献者支付高薪。六是做好银行业信息披露工作，增加银行业的透明度。明晰的银行产权关系要求银行的经营者对股东提供真实的经营信息，也要求经营者向社会公众提供全面、准确的信息，充分发挥社会各方对银行经营者的监督作用，为股东对经营者的业绩评价提供科学的依据。只有银行的股权结构清晰了，各股东利益都能够得到充分重视，才能从根本上保证银行会计、统计等业务信息的真实性。

六

金融运营

大力推行管理会计，提高我国商业银行竞争力[*]

管理会计是商业银行经营管理活动的重要组成部分，本量利分析法是管理会计的精髓。由于目前我国商业银行对管理会计重视不够，实施管理会计的层次较低，以至于根本不知道具体某个人、某个产品、某项业务甚至某个部门的真实盈亏情况和效率，也不知道对各类客户提供服务的效益如何，甚至不能从会计层面对存款业务、信用卡业务、VIP 服务以及大众储蓄等进行效益分析。因而我国商业银行无法深入地进行科学决策和有效管理，不能适应加入 WTO 后与国际金融业的激烈竞争。因此，加快推行并进一步深化管理会计，从而进一步提高我国商业银行的经营管理水平和竞争力具有必要性和紧迫性。

一、我国商业银行推行管理会计的意义

（1）有利于商业银行优化人力资源配置。管理会计要求从最微小的单位开始设立责任中心（"人人都是责任中心"），并对它们进行贡献考核。首先以当期完成的工作量为基础计算出各责任中心所做的贡献；其次计算责任中心的成本（包括人工费用和各项业务费用。由于商业银行的特殊性，各责任中心的人工费用占成本的比重较大，一般在 80% 以上）；最后用贡献扣减成本，求出该责任中心当期创造的利润（净贡献），同

---

* 本文于 2005 年 1 月发表于《深圳金融》第 1 期。

时将创造利润与成本（所占用资源）相比，得出责任中心的利润率（净贡献率），这一指标的会计含义是商业银行资源的使用效率。管理会计要求强化成本控制，人力成本控制是重点，商业银行应当加强冗员控制，充实一线。

（2）有利于商业银行优化部门设置。商业银行的部门（包括机构、产品线或业务线等）设置也应从本量利分析的角度出发，对各部门进行全面的贡献考核后，针对不同情况确定处理措施。对业绩优良的部门，应当加大各项资源的投入，尽量挖掘潜力，做到贡献最大化。对业绩较差的部门，要及时查找原因进行整改。对亏损部门，应当予以整顿，裁减冗员、降低费用、停办部分亏损业务直至撤销该部门。

（3）有利于商业银行业务再造和流程再造。商业银行应当对各项业务进行科学评价，确定每项业务的全部成本、业务量、对商业银行的贡献和贡献率，针对不同情况对不同业务有区别地进行要素投入。同时进行业务流程的再造，尽可能地优化业务流程，废除不必要的环节和程序，降低每一项成本和费用，为利润最大化服务。

（4）有利于商业银行总体效益和竞争力的提高。在大量详尽财务会计资料的基础上，对每个责任中心进行业绩考核，以考核对象为单位进行成本、费用、业务量的归集和分配，制定比较合理的内部转移价格，量化每个考核对象的贡献。以净贡献率排序，奖优罚劣，奖勤罚懒，并重新确定对各责任中心的要素投入，有利于商业银行实现利润最大化、防范并化解风险从而提高综合竞争力。

二、我国商业银行推行管理会计的思路和要点

（1）领导重视，组织到位，贵在落实。商业银行的领导要将推行管理会计工作与创造利润、防范风险，与商业银行的生存和发展，与迎接国际金融业的激烈竞争紧密地联系在一起。要认真组织、周密部署，制定详细可行的工作制度，建立专门部门，选拔合适的人员推行管理会计。要从

思想上、制度上、执行上予以高度重视，真正做到对哪些职工是赚钱的、哪些产品是赚钱的、为哪些客户提供什么样的服务是赚钱的、哪些业务是赚钱的、哪些部门是赚钱的和哪些分支机构是赚钱的这六个方面心中有数。

（2）业务细分和流程细分。业务细分的要点是将各项业务分解为既具有相对独立性又有机联系的各个不同环节，比较各个环节的各项要素投入和实际有效产出，优化各环节的投入产出比，即在"业务环节"的水平上对商业银行业务进行本量利分析。流程细分则是将各项业务流程分解为各个不同阶段，在"阶段"的水平上对商业银行业务流程进行本量利分析。在业务细分和流程细分的基础上，商业银行才能进行科学合理的岗位设置、岗位评估和岗位责任追究。

（3）内部转移价格的制定。商业银行的各项业务中，除贷款、投资和收费业务等直接能取得收入的业务外，还有很多是提供中间产品的业务（这些中间产品是没有现成价格的），如存款拓展、信贷审核、会计核算、新产品开发、人事调配、稽核检查、纪检监督、科技支持、后勤保障等大量辅助性的工作。要对各个部门和各项业务进行考核，就要对各项工作所提供的中间产品制定价格，与相应的业务量相乘得出收入，扣减各项费用支出，来求得各责任中心的利润。

（4）进行全成本管理。商业银行要对每个责任中心甚至每个服务对象的所有投入和产出进行明细核算，全面、真实、完整、准确地反映各考核对象占用的经济资源，准确界定各考核对象的贡献水平。商业银行应以考核结果作为人力资源调配、业务整合、机构调整和发展战略制定等的重要依据，将有限的资源逐步集中到投入产出比相对较高的责任中心，力争做到资源配置效用的最大化，为商业银行创造最大利润和整体发展服务。

（5）定期考核，逐步优化，务求必胜。一是要考核各责任中心各项计划是否合理。成本、费用和利润计划是开展业务的出发点，商业银行要结合总体发展战略、各责任中心前期各项指标执行结果、实现或完成计划的难易程度，确定合理的业务计划。二是要考核各项计划的执行情况。定期或不定期地进行检查，研究业务过程中出现的新情况和新问题，及时对计划进行修订。

三、我国商业银行推行管理会计的难点

（1）如何提高经营管理水平以推行管理会计。由于我国商业银行普遍存在公司治理不完善、激励和约束机制不健全、粗放经营等问题，尤其是国有股权主体缺位，银行对经理人——银行的高层管理人员的考核还不能以创造利润和可持续发展能力为主要指标，银行管理者推行管理会计、强化集约型管理的动力不够。

（2）如何制定科学合理的内部转移价格。一般而言，中间产品内部转移价格的制定有成本加成（适用于结算等业务）和利润导向（适用于人事、稽核、纪检等业务）等定价方法。由于我国商业银行的基础工作比较薄弱，经验数据不足，内部转移价格的初始定价有可能不合理。如果认真推行管理会计，几年后，数据积累比较丰富了，在上游和下游部门的反馈、定期检查以及内部修订等多种纠错机制的综合作用下，内部转移价格会逐步接近比较科学合理的水平。

（3）如何对研究发展部门和新业务进行绩效评估。研究发展部门工作性质比较特殊，不仅要对研究失败期间的工作量进行评估，也要对研究发展的成果进行评估，还应当结合研究成果的转化以及转化后产生的效益进行全面评估。新业务的绩效评估既要结合研究发展部门的投入（研发部门的转移价格）、全行的宣传费用以及其他各部门的要素投入，也要全面考察新业务开展后带来其他业务的发展，不能仅以是否能带来更多存款作为是否开展新业务的唯一标准。

（4）如何正确处理财务会计和管理会计的关系。推行管理会计工作必须与加强财务会计工作相结合，管理会计工作的细化和深化离不开良好的财务会计基础工作。同时应该强调财务会计应为管理会计工作服务，管理

会计工作的深化对加强财务会计工作具有很大的推动作用，两方面工作要认真协调、及时沟通，互相支持、互相促进、共同发展、共同提高。

四、我国商业银行推行管理会计的对策

（1）以利润为经营的最重要目标，完善商业银行推行管理会计的制度环境。进行银行股权改造，降低银行业国有股权的比重，落实银行产权主体，引入能真正以投入资本承担银行风险甚至抵补亏损，并且相应地行使管理权力获得剩余索取权的股东。健全银行业公司治理，杜绝"内部人控制"现象的发生，建立对管理者的健康的约束和激励机制，推动经营理念真正向为股东创造最大利润转化，促使商业银行提高经营管理水平。以推行管理会计为基础，细化责任中心对利润贡献的考核，并以此作为利益分配的重要参考指标，将个人收益与商业银行的整体收益紧密地联系在一起，使利润最大化的思想深入人心。

（2）强化外部舆论监督，增强内部检查约束，健全商业银行推行管理会计的法律环境。由于代理人问题的普遍存在，基于信息不对称而出现虚假信息披露的情况时有发生。加强信息披露，由注册会计师、存款人、投资人等社会公众对商业银行进行"自发"监督，同时银行内部稽核和纪检等部门也对日常经营管理进行"自觉"监督，促进商业银行降低经营成本、提高资产质量、创造丰厚利润，为推行管理会计提供良好的法律环境。

（3）深化各项配套制度改革，落实商业银行推行管理会计的微观环境。一是要深化机构改革，将行政管理式的机构设置转变为适应业务发展的经营管理式的机构设置，以业务为部门设置的依据，全面推行矩阵式的经营管理模式。二是要深化人事制度改革，将行政职务晋升机制转变为业务或技术职级晋升机制，人事调配要向利润率高的业务或部门倾斜，人力资源要逐步向一线集中、向基层集中、向业务部门集中。三是要深化薪酬体制改革，要将各责任中心创造的利润和其利润率作为进行收入分配的重

要依据。四是要加强成本管理，要树立全面的成本意识，制定科学合理的内部转移价格，正确核算各业务部门创造的利润。五是要提高信息化水平，构建适宜业务发展的管理信息系统，为归集、分类、整理和分析业务信息提供强大的技术支持。

提升小微企业金融服务的一把钥匙[*]

一、问题的提出

有一个数据：全国 6000 万户以上的小微企业和个体工商户对中国
GDP 的贡献率超过 60%，并提供了 75% 以上的就业机会，创造了一半以上
的出口收入和财政税收。但还有一个数据：我国只有不到 5% 的小微企业
和银行发生过借贷关系。50% 以上的社会贡献度和 5% 以下的金融服务满足
率凸显出小微企业的融资"尴尬"和发展困境，也揭示了中国银行业的努
力方向。小微企业已逐渐成为我国经济发展中的重要力量，在"保增长、
惠民生、增就业、促和谐"等方面日益发挥出举足轻重的作用，小微企业
的"野蛮"生长已不合逻辑。但在我国经济体制改革尚未完全到位的情况
下，又遭遇经济下行周期及"人荒、电荒、钱荒"等客观条件的考验，我
国小微企业生存和发展正经历包括制度环境和社会经济发展条件等在内的
"系统性"考验。微观经济主体的重要组成部分——小微企业（或企业主）
们不满意，国务院自然"很生气"。

自 2011 年以来，国务院密集调研并出台了一系列扶持小微企业发展的
政策，从多个层面对支持小微企业发展做了具体要求，其中最重要的金融
政策有两个。2011 年 10 月 12 日国务院常务会议研究并确定的支持小型和

---

[*] 本文于 2012 年 3 月 12 日发表于《金融时报》第 11 版。后以《对小微企业贷款不良率的风
险测度与政策建议》为题收录于《深圳蓝皮书：深圳经济发展报告》（2012）（社会科学文献出版
社 2012 年版）。

微型企业发展的金融、财税系列政策措施，被市场称为"国九条"，涉及金融政策六条。这些政策基本是对前期各部委意见的重申和确认，针对性很强，但在具体落实中却面临涉及部门比较多，协调难度大，不易细化、不易到位的困难，政策发布三个多月效果不太明显。针对小微型企业经营压力大、成本上升、融资困难等问题仍很突出的情况，2012 年 2 月 1 日国务院常务会议确定了四项进一步支持小微企业健康发展的政策措施，金融方面几个具体政策如支持符合条件的商业银行发行专项用于小型微型企业贷款的金融债、符合条件的小额贷款公司可改制为村镇银行等市场反响强烈，小微企业金融债一时成为众多银行的共同"追求"。

中国人民银行、原中国银监会等部委积极响应，均出台一系列政策措施大力支持小微企业发展，在加大信贷支持、切实降低融资成本、拓宽融资渠道、差异化监管、促进小金融机构改革与发展、促进民间借贷健康发展等各个方面都下大力气对国务院要求进行了深化和细化。银行业金融机构顺势而为，采取了多项具体措施落实相关政策呼吁和监管要求，小微企业融资环境有了一定程度的好转。数据显示，截至 2011 年 7 月末，银行业金融机构小企业贷款余额达 9.85 万亿元，占全部企业贷款余额的 28.9%；小企业贷款比 2010 年同期增长 26.6%，比全部贷款平均增速高 10 个百分点。截至 2011 年 8 月末，全国小企业贷款投放继续实现"两个不低于"目标，小企业贷款余额较 2010 年同期增长 25.1%，比全部贷款平均增速高 8.7 个百分点，已连续 3 年实现"两个不低于"目标。虽然取得的成绩较大，但由于基础太差，现状离国务院的要求还很远，能享受到融资服务的企业比例较低，小微企业的感受还是不太"给力"。

小微企业是提供新增就业岗位的主要渠道，是企业家创业成长的主要平台，是科技创新的重要力量。支持小微企业健康发展，对于我国经济克服国际金融危机影响、保持平稳较快发展，具有重要战略意义。进一步加大力度支持小微企业发展，逐步扭转小微企业融资难的状况，笔者认为银行业应尽快全面提高对小微企业贷款不良率的容忍度。

二、历史的回顾

在我国银行业市场化程度不高的历史上，银行的所有者最初都是由国家、政府对银行管理层直接任命，要求银行支持政府指定的项目。在此阶段，由于所有者缺位，监管还比较粗放，银行对不良贷款的容忍度是高的，这就直接导致银行对信贷项目的粗放管理：调查走过场，审批走形式，政府官员批条子，信贷报告半页纸，贷后检查摆样子，贷款出了问题主要责任人员最多挪挪"位置"；银行信贷直接投向政府指定项目，小微企业很少，市场地位较低，想贷款没门。

随着我国银行业市场化程度的提高，股东逐步多样化，银行公司治理也开始提上议程，各项经营管理工作逐步规范。这一阶段又分为两个时期。前一时期银行业发展还不太成熟，还是按照政府的指导开展信贷工作。遇"热"积极投入，抢项目、争客户、大干快上，此时的银行，铺摊子、争配套，低水平重复建设，造成恶性市场竞争；遇"冷"则全面收缩，收"银子"、封房子、抢"被子"，那时候，市场全面断"粮"，导致一些行业和市场全面"烂尾"。银行资产质量明显随经济周期波动，政府宏观经济调控能力很强，各项经济信号全面一致、重复叠加，导致宏观经济过冷和过热交替进行，常对全国经济形成毁灭性打击。那一时期，政府已不对银行过多干预，但银行的管理能力还不高，对不良贷款的容忍度不高，由于经营管理还比较粗放，上规模、搞扩张的思路当道，审批流程虽已趋严格，但执行结果不理想银行贷款不良率仍然很高，导致不得不专门成立资产管理公司行使不良贷款处置职责。那一时期，小微企业已有一定发展，但在社会经济生活中所占比重还太小，受关注不多。

随着银行业市场化程度的进一步提高，公司治理进一步完善，后一时期银行业发展越发成熟。市场定位逐步清晰，开始出现不同细分市场的专业化机构；银行业经营管理各项机制逐步完善，风险管理也日益精细化；与经济周期不一致的营销策略和经营手法开始出现，市场竞争在更加白热化的同时也更趋理性。不同类型、不同身份的股东开始进行比较平等的"对话"，已有越来越多的银行业金融机构所有者不再缺位，一些机构董事会运作也逐步规范化。出于对利益的追求，银行业金融机构对不良贷款的容忍度更低，市场原则下，日益市场化的运作也使得风险控制执行结果更加乐观，对不良贷款的容忍度与不良贷款率开始有了比较一致的走向。这时候，低风险低收益开始引起银行业对风险管理问题的反思，信贷资源向大集团、国有企业、上市公司倾斜的过程中银行业议价能力趋弱、收益趋降，大力发展中间业务、大力发展低资本消耗的业务成为银行业的理性选择。市场主体更加多元，小微企业在经济生活中日益占据重要地位，由于银行业金融机构对风险的集体"厌恶"使得小微企业金融服务满足率低成为政府及社会日益关注的重大课题。

小微企业实力较弱、资产缺乏、未经经济周期考验、创新不足、管理粗放、人才缺乏等先天性不足使得它们集体性地很难入银行业机构信贷审批官们的"法眼"，提高对小微企业贷款不良率的容忍度成为破解小微企业融资难问题的一把钥匙。现代银行风险管理理论认为，银行业就是经营和管理风险的行业，风险是一种不确定性，风险定价须与风险承受相匹配，简言之，高风险高收益、低风险低收益。高收益的诱惑与银行业逐利天性不谋而合，这是解决小微企业融资难问题的理论依托和现实基础。在我国经济发展进程中，国家行业政策和金融监管要求银行业履行社会责任和提高收益，要求银行业经理人履行社会使命和达到经营管理要求，让这几方面矛盾有了统一的契机。

三、国务院政策的具体化

国务院在"国九条"第四条中要求"适当提高对小微企业贷款不良率的容忍度"，在加大对小微企业金融支持力度上抓住了"牛鼻子"。大家知道，企业要获得银行的信贷支持须过好几关：行业准入、企业资质、项目前景、银行收益匹配、资金使用安排等，这些关卡的设置和具体"通关"

要求既反映了国家行业政策和金融监管要求，也反映了银行业金融机构所有者（股东）的价值取向和风险偏好，更体现出银行业金融机构经营管理人员的政策水平和职业操守。不同的信贷政策衍生出不同的信贷审批流程，并直接决定不同的信贷偏好和执行结果。对小微企业而言，银行业不良贷款容忍度是决定群体受信贷支持程度的关键指标。然而，"适当提高"的度在哪儿？这是国务院政策原则深化、细化并得以实施的难点。笔者认为，当前可以把对小微企业不良贷款率的容忍上限设定为3%，试行一段时间后再根据执行情况进行调整。当然，如果政策制定者们设定更高的容忍水平，对广大小微企业而言无疑更是一个福音。因此有的学者也提出可将对小微企业不良贷款率容忍上限提高到5%，笔者认为稍高，也不太稳妥，从多个因素看设定为3%更合理（近期广发银行行长利明献公开表示将小微企业贷款不良率容忍度提高到2.5%也可佐证笔者这一判断），具体测算过程如下。

首先，我们考察对小微企业不良贷款率容忍上限调整对全国银行业不良贷款余额和不良贷款率的影响。初步测算如下：全国银行业金融机构2011年末贷款余额约58.3万亿元（预计数，下同），不良贷款余额1.05万亿元，不良贷款率1.8%。其中，小微企业贷款10.4万亿元，不良贷款余额2100亿元，不良贷款率2%。如设定对小微企业不良贷款率容忍上限为6%，并假设实际执行结果不良贷款率为6%，其他条件不变，也不考虑贷款增长等因素，未来全国银行业不良贷款余额将达1.46万亿元，不良贷款率将达到2.5%；如设定对小微企业不良贷款率容忍上限为5%，并假设实际执行结果不良贷款率为5%（测算假设同前），未来全国银行业不良贷款余额将达1.36万亿元，不良贷款率将达到2.33%；如设定对小微企业不良贷款率容忍上限为4%，并假设实际执行结果不良贷款率确达4%（测算假设同前），则未来全国银行业不良贷款余额将达1.26万亿元，不良贷款率将达到2.15%；如设定对小微企业不良贷款率容忍上限为3%，并假设实际执行结果不良贷款率确达3%，则未来全国银行业不良贷款余额将达1.15万亿元，不良贷款率将达到1.98%。就笔者的理解，按目前我国银行业股东构成、风险偏好、风险管理能力、收入结构、利差水平及利率市场化的变化趋势等，全国银行业不良贷款率维持在 2.5% 以内，对银行业可持续发展更为有利。因此，全国一盘棋式地将小微企业不良贷款率的容忍上限设定为 6% 以下，对银行业资产质量的影响是可以接受的。

其次，只有将对小微企业不良贷款率容忍上限提高到较合理水平，银行业机构对小微企业的行业准入、企业资质、项目前景等多项条件都可实质性降低要求，小微企业获得贷款才更容易成为可能。目前银行业监管部门对机构的评价（也可以称为监管考核）还不尽完善，主要体现在对风险管理的认识上，落实在对资产质量的监管上，片面地从严要求，认为不良贷款越少越好，不良贷款率越低越好，从审慎经营的角度看这样要求是毋庸置疑的。风险管理是机构评价的核心内容，资产质量指标在评价体系中占较高权重，同质同类监管、评级结果的使用又要求机构不能排名殿后，否则机构、业务甚至高级管理人员的准入都有可能被"叫停"。同时，银行业机构董事会必然要求较低的不良贷款率，以提高收益水平和分红比例。这样，监管和管理双重考核的结果就顺理成章：大多数银行业机构没有成为风险的经营者和管理者，而集体成为了风险"厌恶"者。这种情况就直接导致了实体经济受金融支持力度减弱、大面积小微企业金融"饥渴"的现状。就笔者所知，目前全国仅连云港农商行等极少数机构自发试验对小微企业不良贷款率容忍度提高至 3%，广发银行也宣布将对小微企业贷款不良率容忍度仅提高到 2.5%，配套政策还不尽完善是最为关键的问题。从全国看，银行业机构全部贷款不良率为 1.8%，而小微企业贷款不良率仅为 2%，这说明对小微企业准入的控制基本维持了对中大型企业的标准，最多是比对中大型企业准入标准略有降低，这样操作小微企业信贷业务，小微企业金融服务满足率当然高不了。

目前大多数银行对小微企业不良贷款率的容忍水平都沿袭了对中大型企业贷款不良率 1% 左右的水平，或仅在后者基础了稍有上调，如提高 20% 至 1.2%，这一水平的不良贷款率容忍度对客户经理、审查人员、审批人员风险控制的要求都很高，加上银行对风险问责力度的不断加大，在风险控制的巨大压力下，更审慎地开展小微企业贷款业务就显得更加理性。而对小微企业贷款的业务拓展和风险控制也类似"蛋"和"鸡"的关系，如果刻意追求资产质量，必然影响业务量的积累；反过来，量的积累达不到一定程度，要想资产质量保持高水准又谈何容易？而上量的突破口就是将对小微企业不良贷款率容忍上限提高到一定水平。如将对小微企业不良贷款率容忍上限定为3%（虽然仅比目前2%提高了1个百分点，但这意味着，平均来看，已经由原来每50笔业务才允许1笔发生风险的要求降低到每34笔业务允许1笔发生风险），客户经理、审查人员、审批人员风险控制的压力会减轻不少。对客户经理而言，每位客户经理平均管户能力也就是40~60个，最佳管户数量是40个左右，从原来要求的每80~100笔业务才允许1笔发生风险到每做30多笔业务可以允许1笔发生风险，客户经理放开手脚做业务才有可能。从这个意义上讲，将对小微企业不良贷款率容忍度上限设为4%也优于2%。如果不实质性提高对小微企业不良贷款率的容忍上限，小微企业融资难仍将成为一个不解的问题。

再次，我们看看风险抵补的问题。将小微企业不良贷款率容忍上限定为3%，银行业机构风险抵补不存在任何问题。从收益看，目前市场上对小微企业贷款利率上浮30%以上是常态，即一年期贷款利率超过8.5%。成本方面，资金成本按一年期定期存款利率计算为3.5%，加上资本成本为1%左右，3%的资产损失单纯利息收入就可以完全弥补。况且将不良贷款率容忍度上调后，因准入门槛降低，还可以适当提高利率上浮的比例，从事这项业务的银行业机构不亏本是可以实现的，同时机构还可以获得培养客户的长期收益。在风险抵补的问题上，以9%左右的小微企业贷款实际利率测算，将小微企业不良贷款率容忍上限定为5%稍高，4%也可以接受。

最后，看从事小微企业贷款工作相关人员的意愿。一方面，小微企业贷款的对象分为小型、微型企业和个体工商户，虽然部分银行业机构将个体工商户贷款划归零售性质贷款，由零售业务部门操作，但由于个体工商户的经营特性，即使对个体工商户的贷款，银行也普遍将其视同公司类贷款来要求，业务流程和业务要求与公司类贷款一致。目前对小微企业贷款而言，信贷调查、信贷审查、信贷审批和贷后检查等环节与中大型企业贷款要求是一样的，对不良贷款率的容忍度也是一样的。但由于小微企业普遍存在管理不规范、采取各种手段隐匿收入以逃避税收、财务报告与真实情况出入较大等客观情况，导致对小微企业的了解和熟悉还需比对中大型企业增加一些额外的现场求证、核实、确认等环节，如现场察看水表、电表、燃气表，现场清点工人数，不定期现场核查库存，走访上游购货单位以确认销售等；不少机构还要求对小微企业重做调整后的简易报表，也是对小微企业贷款风险防范的必然要求，这些额外工作无疑使得对小微企业贷款的过程更加复杂。同时由于平均单笔 100 万~300 万元的小微企业贷款所需要花费的精力（包括时间）与平均单笔 3000 万~5000 万元甚至更高金额的中大型企业相比，不是更小（短）而是更大（长），有的情况下前者甚至还需要花费数倍于后者的时间和精力，再加上金额太小，其他回报也不可能太高，尽管利率上浮较多，但全部收益较低，因此客户经理从事小微企业贷款的积极性就不高，除非采取特殊激励政策（目前多数银行确实采取了不少倾斜政策）。到了审查审批环节后，由于小微企业涉及行业广泛、企业主素质参差不齐、管理不规范、个体情况复杂、受干扰因素更多，审查审批人员在做这些业务时大多希望形成模式，批量"生产"、流水作业（当然这也是对小微企业营销的理性要求），但个体情况差异性也导致他们需花费更多的精力和时间才能基本了解小微企业的经营情况和风险状况，自然审查审批人员对小微企业贷款的积极性也不高。这些因素导致小微企业金额小、频度高、提款急的要求很难满足，在银行业机构资源投入已经较多的情况下，小微企业贷款难状况依旧的根本原因还是不良贷款率容忍度过低，风险控制压力过大压制了客户经理、审查审批人员大力推进小微企业贷款的意愿。

另一方面，在目前银行白热化竞争背景下，中大型公司客户的竞争几乎到了令人"望而生畏"的地步，不少银行业机构（如招商银行、民生银行、浙江泰隆银行等）经营管理者立足长远，确实希望能在小微企业业务方面打开一片天地，跨越红海到蓝海，所以在相应的激励方面也下了不少

"本钱"：成立专门部门、条线甚至事业部，安排大量人员从事小微企业贷款，到目前为止不少机构这项投资还处于亏损状态。尽管业务仍亏损，但由于可预期的长期收益，再加上"履行社会责任""扶持实体经济""讲政治"等光环，银行业对小微企业贷款的热情还是很高的。例如，将小微企业不良贷款率容忍上限提高至3%以上，监管配套激励政策全面到位，银行业机构定会继续保持同样力度的资源投入和政策激励，小微企业贷款难的状况将出现根本性的变化，必将大大激发相关人员发展小微企业贷款的积极性，从而极大地推动并保证小微企业的创业激情和创新冲动。

大部分银行业机构开展小微企业贷款建立了六项工作机制：风险定价机制保证了较高的收益水平，独立核算机制是为了精细化管理，这两项机制确保了开展这项工作的"商业可持续"；高效的贷款审批机制和专业化的人员培训机制是为了保证工作效率，提供了可行的工作方法；激励约束机制是要求增加投入以提高信贷人员的业务意愿；违约信息通报机制提供了风险控制的手段。这六项机制确保了小微企业贷款可行，但现状难以令人满意。我们可以把对小微企业贷款不良率合理的容忍度看作是第七项机制，如果简单归类也可以把它看成是独立核算机制的重要内容。提高对小微企业贷款不良率的容忍度至3%将缓解信贷人员发展小微企业贷款的风险控制压力，增强放贷意愿，适度降低企业准入门槛，银行业机构风险损失可以获得抵补，对全国银行业机构资产质量的影响可以接受。这一政策与六项机制紧密结合，将极大推动小微企业贷款的发展。

四、配套政策与实施步骤

要全面稳妥推进这一政策，除全面放开行业准入，让小微企业可以进入更多领域为社会提供服务；减少不必要的行政许可，全面提高行政服务意识和效率；充分发挥行业协会作用，加强行业监管和自律，提高行业服务和权益维护水平；实行更为灵活的、更可操作的针对小微企业的财政补贴、呆账核销和税收减免等政策，做实、做大政府主导的扶持小微企业发展的行业引导和扶助基金等，让小微企业有一个更好的营商环境外，提升小微企业金融服务的一系列政策措施贵在落实，其中最重要的就是要建立并完善配套机制，使得这些好的政策能够不再停留在纸面上，真正实施并产生效果。

实施这一政策的建议方案有两个：一是先行试点，再全面推广。二是全国范围内全面实施，各机构可根据自身情况在3%左右适度确定一个小微企业贷款不良率的容忍度，大力推动小微企业贷款增长；定期总结、及时研究，适时调整相关政策。笔者认为第二个方案更可行，但这一政策的全面实施还需政府多个部门紧密配合、加强督促。首要的环节是纠正对风险管理的认识误区，完善机构评价体系，在评级方面给予资产质量一定灵活度，尤其是对小微企业贷款质量要出台切实可行的评价政策，提高不良贷款容忍度并建立全套机制保证政策顺利施行。可以一行一策（即依每家机构董事会风险政策自主确定小微企业不良贷款容忍度），只要达到董事会风险控制要求就应该给予机构风险管理满意的评价，这一政策须尽快落实并马上实施。另外是在信贷规模等方面给予小微企业更大倾斜。当然还应对小微企业贷款不良率容忍度设定、实际执行情况以及配套机制建设、资源投入等加大力度进行监督，确保小微企业贷款大力推进成为现实。

对银行业金融机构而言，实施这一政策的配套工程还包括建立风险控制尽职激励机制等。目前银行业机构对风险控制的结果大多是只罚不奖，约束过多而激励不足。同样地，对小微企业贷款也需要建立风险控制尽职激励机制，如果实际执行结果好于风险控制目标，应对相关人员进行适当激励，以激发他们积极支持小微企业融资、推动实体经济发展的积极性；否则，激励约束不相容，政策初衷将较难实现。

期待并坚信小微企业会沐浴更多"阳光"，只是希望快些，更快些！

以系统论方法促进银行运营保障能力建设[*]

一、现代商业银行运营管理内涵

(一) 增强服务意识，保障业务发展

从字面上理解"运营"就是机构的经营和运作，运营管理在现代企业的运行管理、经营决策和战略发展等各方面越来越占据举足轻重的地位。对现代商业银行而言，运营管理至少包括建立运行平台，形成工作机制，保证日常运作等内容，职能主要有运行、保障、服务等，并对产品设计、业务营销、流程变革和业务创新、战略决策等产生重大影响。在银行现代经营理念共识越来越多、管理水平和能力越来越高、产品同质化现象越来越严重的今天，运营管理的运行和保障职能已得到大大增强，服务日益成为现代商业银行核心竞争力的主要内容。这里所说的服务不仅指对客户的服务，也包括中后台对前台、领导对员工、总行对分支机构、银行对外部机构等所有领域的服务。培养服务意识，激励服务创新，推动服务升级，提高客户忠诚度，把服务意识转变为银行的企业文化，进而成为银行核心价值体系的重要组成部分，越来越成为现代银行运营管理能力建设的核心内容。

---

* 本文于 2013 年 2 月发表于《金融电子化》第 2 期。

（二）完善组织架构，明晰职责边界

目前发达国家企业对运营管理越来越重视，不少跨国企业设立 COO（即首席运营官）职位，主管企业的运营工作，是 CEO（首席执行官）的第一替代者。国际大型企业尤其是跨国企业日益形成"大运营"的格局，运营管理涉及除业务营销外的所有领域和环节。运营管理的职责非常庞杂，对职责划分和架构设计提出了很高的要求。理想状态是：按运营管理主要涵盖的营销服务与客户服务、业务操作和信息管理、人力支撑和行政管理、财务核算与管理、科技保障和系统支持、客户体验和投诉处理、流程优化和信息集成等功能模块设置相应部门或条线，明确区分各部门职责，尽量做到职责不交叉、不遗漏，边界清晰并且全面覆盖。同时，还须通过后评价、监督检查和考核机制的建设，强调信息共享、沟通协调和密切配合，确保各部门形成合力，建立适应市场环境变化、不断优化业务流程、变革经营机制、提高运营水平的长效机制，打造适应市场竞争和发展要求的组织体系。

（三）搭建业务平台，促进安全运行

实现运营管理运行职能的主要工作是业务平台建设，这一工作的主要要求应当是全面、便捷、具有前瞻性，实现本、外币联动和前、中、后台联动，满足业务操作、信息管理、经营决策等多方面需求。长期以来，国内商业银行比较分散的运营作业模式面临着较大的局限：各分支机构自成运营系统，银行在各地的资源和专业技能很少共享，无法实现规模效益；信息沟通不畅导致业务平台功能不全，影响了业务拓展；服务和纯后台功能交错混杂，因而对服务关注不足；运营和服务标准在各地和各业务线之间差异极大，不能及时、准确、全面地反映各项业务的开展情况，增加了运营风险和管理风险。在高度信息化和电子技术飞速的现代社会，高度集中、全面统一的业务平台建设成为现代商业银行运营手段变革的"规定动作"。

（四）适度优化流程，提高运营效率

运营质量和效率是运营管理工作的两项重点，质量提升是涉及人员素质、部门合作、组织架构、企业文化等多方面的系统工程，难度较大；而效率提高则成为大家的日常需求，经常在各种交流中被提及。合规操作是流程设计的底线，流程优化和效率提高是一个渐进的曲线。制度制订和流程梳理是平衡的结果，一旦固化一般代表现时合理状态，但这种状态永远是滞后的，因为随形势变化和时间变化，人们马上会提出更高要求，这就要求建立一种机制，定期后评价、反馈、改善，持续提高运营效率。途径是加强信息化建设，持续提高运营集中化处理水平和能力，通过影像、信息流转实现录入、发送、清算和审核等功能，前端业务和后台操作、实物和信息、操作和管理相分离，统一标准、规范流程，增强规模效应。

（五）加强合规控制，防范操作风险

运营管理涉及银行几乎所有的操作环节，加强合规控制、防范操作风险、控制声誉风险是运营管理工作的重要目标。原则要求包括：一是治理到位，要建立从高层做起，不折不扣层层传导到基层的合规文化，且不因形势变化而受到冲击。二是制度先行，要建立在内部控制基础上的全面、系统的制度体系，包括统一的、标准化的操作流程，做到有法可依。三是注重执行，在实际运作中严格按制度和流程要求进行各项操作，不能出现太大偏差，做到流程控制、相互制约。四是加强监督，要特别重视内部稽核部门、外部审计、监管机构和公众的监督，并充分考虑各项意见和建议，将其中合理因素体现在制度梳理和流程优化中。五是加强人员管理，将员工行为排查制度化、日常化，做到"了解你的员工""了解员工心态的变化"，切实防范案件发生。

（六）加大资源投入，确保科技领先

信息科技（IT）是现代银行业综合竞争力的基础。现代商业银行加强

信息系统建设，全面提升金融服务水平，保证信息安全的原则要求至少包括：一是充分发挥信息科技委员会等的作用，对信息科技建设和风险管理做出近期提升策略和长远发展规划，并持续跟踪落实。二是适时升级核心系统，认真总结金融服务的经验和教训，充分考虑形势变化、市场发展和服务需求，加大科技开发力度，跟进科技发展和人们行为习惯变化，切实增强服务能力，努力提升核心竞争力。三是对信息系统运行安全问题进行全面评估，并就存在的问题和隐患做出改进、完善的工作计划，投入人力财力予以落实。四是加大硬件设备等的投入力度，保证信息系统适度超前的承载能力。五是做好灾备中心建设，进行情境模拟和操作测试，加强应急管理，防患于未然。

（七）强化团队建设，打造和谐文化

一家良好品牌银行的建立有赖于一支具有良好文化的团队，培育良好企业文化，使银行和员工的长远利益兼容。促进银行持续、协调、健康发展的原则要求包括：一是兼收并蓄，博采众长，加快企业文化建设，以优秀文化感染人才、凝聚人才。二是按照发展战略目标，结合业务发展实际，分阶段、按步骤做好人力资源规划，合理配置人力资源。三是以人为本，针对每个员工的实际情况，结合银行发展愿景、发展目标和战略步骤，量身定做个人职业生涯规划，并定期进行后评价，适时予以修改、完善，指导员工明确晋升通道和发展空间，并指明努力的方向。四是加强人员培训与开发，提高员工职业素质和从业技能，促进员工全面发展，增强员工自身竞争能力，为员工提供更多发展机会。五是科学绩效评估与绩效管理，建立公平、公正、讲求效率的薪酬体系与激励机制，进一步保障员工合法权益。六是加强员工关系管理，建立、健全劳动保护制度，保证工会和职工代表大会依法开展工作，关心和重视员工的合理需求。多措并举，真正做到以文化感人、以事业立人、以机制塑人、以情感聚人、以待遇留人。

总之，现代商业银行运营管理的目标就是要在以客户为中心、以市场

为导向的经营原则要求下，通过组织架构设计和工作机制建设，综合利用现代科技手段和业务运作平台，合规作业，协调配合，精简高效，实现风险可控前提下的业务可持续发展。

二、目前商业银行运营管理难点

（一）重业务发展，轻风险防范

业务发展和风险防范是一对矛盾体，想要很好地取得平衡确实不易，在实际工作中常常出现因屈从于业务发展的巨大压力，而轻视了风险防范的现象。在运营管理上，最容易出现的现象是对开户、对账、账户管理、放款资料等过度通融，规章制度中比较严密的操作流程和防范措施流于形式。业务至上的思想在不少银行根深蒂固，续做业务的时限要求往往成为"开绿灯"的借口，业务部门打着"控制实质性风险""有些资料和流程可以后补"的幌子，不断冲击风险控制的底线，片面认为风险控制只是风险控制部门的事情。业务经办和审查人员也常降低业务标准，只求形式上过得去，只为应付检查，不仅放松管理，在效率和服务的巨大压力下，还主动帮助业务部门在各种规章制度中"钻空子""打擦边球"，违背了风险控制的初衷。

（二）人才遇瓶颈，队伍建设难

近五年来，银行业分支机构扩张迅速。尤其是以 2009 年 5 月原银监会下发的《关于中小商业银行分支机构市场准入政策的调整意见（试行）》为标志，中小商业银行开设异地分行的步伐明显加快。在 2011 年底相关政策收紧后，部分银行（尤其是城市商业银行）还是通过开设村镇银行的方式变相走向全国。一般而言，分行（或村镇银行法人民银行）开设后正常经营一年以上，每年均可开设一定数量的支行（一般 2~4 家）。分支机构的迅速扩张导致对经营人员的大量需求，就柜台业务而言，运营管理人员、营业主管、会计和储蓄柜员的需求激增，人才市场供求状况发生了根本性变化。不少银行出现了临柜新手（入行一年以内的临柜人员）占30%～50%甚至一半以上的非正常现象，入行3年左右的大学生临柜挑大梁的现象也不鲜见。股份制银行、城商行操作风险隐患剧增，并在一定程度上向大型银行传导。

（三）激励不相容，约束不到位

目前大部分商业银行在运营管理上存在对运营人员激励软约束硬，对业务人员激励硬约束软的问题。一方面，对运营人员而言，运营平稳，操作风险与案件控制得好的时候，管理层一般认为是运营条线应尽的义务，运营人员很少会得到相应的激励；而一旦运营出现风险，或发生案件，银行则会对运营条线问责，相对固化的薪酬水平较难达到约束的目的。另一方面，对业务人员的业绩考核会体现在相应比较到位的激励机制上，客户经理行为短期化就是这一导向的结果；偏向业绩的文化时常冲击合规经营的"阀门"，由于约束不到位使得道德风险普遍存在。

（四）制度太死板，执行须改良

目前大部分商业银行规章制度都比较健全，并且都在监管要求下对经营管理提出了比较好的控制措施，但执行中常出现因制度过于死板而无法落地的情况，导致部分制度成为一纸空文，实际业务过程中常须通融才能顺畅完成相关操作。一方面说明制度制定没有完全结合实际，要求过高；另一方面也说明制度修订没有与时俱进。

（五）职能很庞杂，统筹压力大

由于运营管理工作涉及范围广、环节多、流程长，除传统的会计结算管理外，集约化作业如现金出纳、柜台服务、事后监督、放款操作、档案管理等也属于运营管理的范畴，此外保障支持体系如业务运作平台建设、科技、财务等也常成为运营的边界，运营管理部门越来越成为现代商业银行的"不管部"。这些领域还是不得不随时到位和补位的地方，运营管理职能非常庞杂，统筹的压力也非常大。

（六）形势变化快，科技要求高

现代商业银行经营已离不开科技支持，信息化水平越来越成为银行竞争力的核心。IT运用已扩展到办公自动化、客户信息管理、信贷审批、风险管理、绩效考核管理、人力资源管理、决策支持等每个领域和几乎所有环节。目前部分商业银行尤其是城市商业银行、农商银行等中小机构信息科技建设和风险管理所面临的形势还比较严峻：一是信息科技风险管理的意识还有待进一步提高。二是科技投入、系统更新与业务发展不匹配，信息科技系统的基础还较薄弱。三是人力、财力投入不够，在信息科技建设方面，制度建设和工作机制建设还有待进一步加强。

三、提升运营管理质量和保障能力的对策

（一）建设合规文化，培育先进风险管理理念

合规守法经营是商业银行管理风险的本质属性，建设合规文化是银行实现效益最佳的根本保证。一是高管层要身体力行、率先垂范，倡导并推行诚信和正直的道德准则和价值观念，加强"品行"修养，努力带动并培育全体员工的合规意识。二是以业务流程梳理为重点，定期完善合规手册，全面揭示银行合规风险点，从源头上控制合规风险，并以合规文化建设要求下的合规风险监控引领全面风险管理。三是探索建立有效的合规风险识别、评估、监测和报告机制。四是加强合规考评和责任追查，始终保持高压态势，对违规违纪人员一律严肃处理，以此推动执行力的提高。

（二）完善组织架构，构建集约式运营保障体系

商业银行运营管理体系建设是一项系统工程，必须统筹规划、设计科

学、运作高效。一是要分清职责，明确边界，搭建完善的组织体系，即条线要清晰，执行要顺畅，配合要到位。二是要保证适当的资源投入，包括人力、财务和科技的投入，确保持续高效的整体运行。三是要加强中后台集约化操作和管理，打造前中后台职责分离、运作清晰、协作高效的模块化结构，实现操作性业务的集中处理。四是要借助 IT 技术，系统性地定期对业务流程、作业模式和相关业务处理系统进行全面整合与再造，持续提高运行效率和质量。五是要创新操作风险管理模式，建立技术先进、内控严密、运作高效、响应及时的运营操作体系、服务体系和管理体系。

（三）统一操作要求，提高运营规范化水平

操作规范化、标准化是提高运营管理水平的本质要求。目前不少银行在业务操作过程中个性化、随意化问题还比较严重，给风险管理带来很大困难，这对风险防范提出了更高要求。这些问题应该在流程改造中逐步得到解决，一个实用的经验是制作标准化的作业指导书，使得每一位上岗人员在指导书的考核要求下取得资质、迅速上岗，并通过统一标准实现操作的规范。

（四）创新管理理念，持续流程优化和管理升级

业务模块化、管理扁平化与运营集中化，是提高银行运作效率，实现更佳效益的有效途径。制度建设、组织结构建设不可能一劳永逸，银行各方面运作也须与时俱进。一是要制定全面覆盖、科学合理的制度体系，确保有法可依。二是搭建适合当前规模、发展阶段、资源条件的组织架构，确保执行到位。三是建立灵活机动的反应体系，要不断关注形势的变化和银行自身的运行情况，善于收集运行过程中的各种信息，及时发现存在的问题。四是建立回顾机制，定期地、持续地对制度和流程进行梳理，及时调整、优化，努力实现各项制度的科学化、标准化、系统化，以及作业流程的前瞻性、完善性、可操作性，确保制度与流程的有机衔接。

(五) 推动技术进步，提高管理能力和保障水平

金融产品日新月异、业务需求不断变化、操作流程持续优化，不断向 IT 技术应用提出新的课题。现代商业银行应通过 IT 技术的应用，建立业务经营与风险管理双线并行的工作机制，实现对业务运行事前、事中、事后的全过程监控，提高运营管理能力和风险防范水平。一是通过建立统一的管理模式，实现数据中心信息资源共享，更快地响应和解决问题，提高管理效率和管理质量；二是采用先进的科技手段，促使所有管理流程规范化；三是提高操作的效率和准确性，降低人工失误和遗漏造成的风险；四是通过对业务流程现状的统计和分析，智能地预测业务流程资源使用状况，主动防范业务运行中可能出现的故障和风险；五是通过统一集中管理，加强运行管理的可控性，全面降低风险。

(六) 建立协同机制，加强沟通反馈和协调

各部门间良好的沟通和关系协调，有助于各项经营决策的有效执行，能够加强部门间的凝聚力，促进银行可持续发展。一是要建立各部门间沟通反馈机制，跨部门事项及时推动解决，防止业务运行过程中出现"盲点"，并建立机制适时修订部门职责。二是与管理机关等外部建立良好工作关系，加强沟通协调，遇事能及时协商、妥善处理，促进多方协同发展。三是建立应急机制，就可能出现的突发情况逐一制定应急预案，并加强演练，全面提升应对复杂、特殊事件的能力。

商业银行面对金融市场业务爆发的喜与忧[*]

广义地讲，金融市场业务是指与金融市场相关的银行业务，包括同业拆放、票据买入和卖出、债券买卖、资产（权益）转让和回购、外汇交易、黄金交易等，业务创新比较迅速，技术含量较高，并且涉及领域、范围和内容越来越广泛。狭义地讲，也可以把金融同业业务当作金融市场业务。金融市场业务在银行业金融机构占据越来越重要的地位，认真讨论如何进一步做好金融市场业务意义重大。

一、我国银行业金融市场业务发展现状

目前，我国银行业金融市场业务发展受到高度重视，既因其是银行业一个重要业务和利润方向而大力发展，也因其超常规发展而受到社会和监管部门的密切跟踪。金融市场业务因为投入少、效益高，知识密集、进入门槛高，与其他业务联动紧密，创新难度大，存在与监管的博弈等特点，它的发展状况对银行业发展影响深远。

（一）积极作用

（1）业务的重要部分。当前银行业经营压力越来越大，业务竞争日趋"白热化"，传统业务的增长也呈理性回落态势。如从各机构 2013 年第三

---

* 本文于 2013 年 11 月 12 日发表于中国经济网。

季度业绩快报得知：工行、农行、中行总资产增速（比年初）分别为 6.84%、10.23% 和 7.45%，总负债增速（比年初）分别为 6.66%、10.23% 和 7.45%；民生银行总资产和总负债增速（比年初）分别为 3.15% 和 2.41%；北京银行总资产、存款余额和贷款余额增长率（比年初）分别为 8%、14% 和 14%。这些数据与往年动辄 20% 以上的增速相比已有明显回落。传统业务增速下降的原因很多，核心因素是经济下行导致的投资谨慎等造成经济活动减少。经济下行时期企业业务活动更为审慎，日常购买行为减少，资金需求量也降低，这种情况既会影响到银行体系的负债（即存款）业务，同时也会使得银行业机构更难找到合适的放贷对象，从而影响银行体系的资产（即贷款等）业务。信用风险相对较低的金融市场业务于是越来越成为当今银行业机构的重要业务内容。例如，兴业银行 2012 年度报告显示，其资产总额为 32510 亿元，较年初增长 34.96%。其中贷款增长 25.01%；存放同业及其他金融机构款项余额 1647 亿元（占资产总额的 5.07%），增长 137.15%；买入返售金融资产余额 7928 亿元（占资产总额的 24.39%），增长 50.44%；各类投资净额 3957 亿元（占资产总额的 12.17%），也增长 52.33%。负债总额 30803 亿元，较年初增长 34.35%。其中存款增长 34.79%；同业及其他金融机构存放款项余额 8944 亿元（占负债总额的 29.04%），增长 42.69%；卖出回购金融资产余额 1619 亿元（占负债总额的 5.26%），增长 14.45%。从中可以看出，资产总额中金融市场业务配置资产达 41.63%，并且除贷款增长较低外，其他各项金融市场业务资产增长均超过 50%；负债总额中金融市场业务主动负债达 34.30%。尽管数量和占比的程度不完全一样，不少其他银行金融市场业务的发展趋势也与兴业银行类似。

（2）收益的重要来源。既然金融市场业务已经成为银行业金融机构业务的重要组成部分，其在收益中所占比重也越来越大。兴业银行 2012 年度报告显示，在业务收入中，拆借利息收入、存放同业及其他金融机构利息收入、买入返售利息收入、投资损益及利息收入所占比重分别达到 7.48%、3.12%、23.75% 和 8.46%，较上年增长幅度分别达 121.20%、

285.70%、56.35%和30.61%，合计占业务收入比重达42.81%，稍高于金融市场业务资产配置所占比重的41.63%，并且拆借和存放同业及其他金融机构业务利息收入增幅十分显著。交行2013年前三季度实现净利润同比增长仅9.43%，但其资金与同业业务实现利息净收入也占全行实现净利润的1/3，且同比增长达60.80%。

（3）创新的高地。金融市场业务一直是银行业金融创新的重要阵地，许多重要的业务创新都通过金融市场业务达成。随着金融脱媒加剧、利率市场化推进、金融市场国际化、同业竞争激烈程度提升和财富管理需求日益扩大、通货膨胀预期增强等新的形势变化，综合传统信贷市场、货币市场、债券市场、股票市场、基金及衍生产品市场业务的新型组合式银行业务，即一站式综合金融服务解决方案不断发展完善并日益成为银行业核心业务。大力发展金融市场业务，推动多元化投资管理水平及跨市场金融交易技术的提升，越来越成为我国银行业建立竞争优势的不二选择。但与此同时，我们也应当看到，金融市场业务发展过程中一直受到监管部门的高度关注，不少业务都面临过被叫停的"命运"。金融市场业务也成为银行业金融机构与监管部门博弈、金融业务发展过程中的跨"界"合作、监管理念与监管技术进步、银行业金融机构风险管理压力测试等方面的重要业务领域。

（4）业务规模的调节阀。由于金融市场业务的流程较长、涉及部门和行业较多、业务比较复杂等跨"界"性、灵活性的特点，它也常被用以对资产负债表有关数据进行调节。例如，存放同业及其他金融机构款项、同业及其他金融机构存放款项两个项目之间就存在轧差反映的可能性；买入返售金融资产和卖出回购金融资产两个项目因本身就有调节资产或负债规模的"指向"，也常受监管部门的高度关注，两个项目也存在轧差反映的可能性；近期银行业报表中应收款项类投资大幅上升也引起了监管部门的高度关注。一方面，用金融市场业务调节业务规模，有利于缓解银行业经营压力，增强投资者信心；另一方面，银行业经营业绩的真实性降低了，也加大了全社会"去杠杆化"的压力和难度。

（二）消极影响

（1）银行业风险控制能力受到前所未有的挑战。金融市场业务复杂程度比较高，很多业务还涉及资产管理公司、信托公司、融资租赁公司、证券公司、保险公司、基金公司、期货公司、投资公司、财富管理机构、产品交易所、产权交易所、电子商务金融平台等多种类型机构，对知识的积累和风险控制要求更高，在银行业大力发展金融市场业务的今天，风险控制能力挑战巨大。

（2）银行业业务发展受到前所未有的挑战。金融市场业务存在一定程度脱实向虚的性质，尽管对社会经济资源利用率的提高和社会财富的分配有着巨大的积极作用，但也受到社会和市场的一些质疑，近期大众对"影子"银行质疑声不断也是发展金融市场业务受到的挑战之一。

二、金融市场业务发展存在的问题

（一）人才队伍存在较大缺陷

金融市场业务涉及的业务类型、客户结构、交易对手都比较复杂，并且不少业务都涉及一定程度的金融创新，对人才队伍的要求也相对较高。一般而言，涉猎2~3个行业，熟悉2~3种业务类型的人才在市场上还能够找到，但通晓大部分行业和业务类型的"通才"却很难找，因此金融市场业界有一个常用的名称——"小组"或是"团队"，金融市场业务对复合背景的复合型人才和团队精神更为看重，尤其是与其他机构合作的过程中，沟通和协作更为重要。我国近10年来职业观念变化很大，但受传统影响，大部分职场人士对变换职业还是比较忌讳的。金融领域很多知识和经验是相通的，但不少专业领域也有很深的业务"壁垒"。好在我国金融业发展到今天，业务分工已经很细，专业机构越来越多，而在开展业务的过程中，尤其是风险控制环节，对业务的深入理解和透彻把握仍然是核心和关键，所以银行业金融市场业务部门必须完全覆盖所有领域的业务知识和操作规范，否则业务实质把握和风险控制无从谈起，这就给团队建设带来巨大挑战。目前金融市场业务团队建设的主要手段是自身培养和外部招聘，自身培养的周期比较长，外部招聘人员的待遇要求和适用性也是一个问题；机构之间相互"挖角"现象严重，并没有从整体上提高从业人员数量，反倒在一定程度上降低了人员素质。总体来说，银行业机构金融市场业务人才队伍建设遇到较大瓶颈。

（二）业务发展受到畸形依赖

近年来经济运行进入下行期，银行业传统的公司金融和零售银行业务都受到一定影响，增速均呈现下滑的趋势，部分机构传统业务还出现了负增长。环境变化对经营目标提出了理性修正的要求，但股东在考核评价银行业机构经营业绩方面的惯性思维根深蒂固。在这种背景下，不少银行业机构对金融市场业务寄予厚望，提出将其作为新的利润增长点，加大了资源配置力度，如有的银行大力发展票据业务、同业业务、投资银行业务，并与债券投资和理财等常规业务加强了联动。近几年大部分机构金融市场业务都比传统业务增长快，一些机构金融市场业务还出现了"爆发"式增长，金融市场业务越来越成为银行业金融机构业务发展的"主力军"。这种现象也引起了监管部门的高度警觉，监管部门近年来频频出招遏制过度业务行为。金融市场业务参与主体较多、业务流程较长、操作环节复杂，在更好地符合监管要求的同时必然会相应增加资金需求者的融资成本，从这个意义上讲，银行业机构对金融市场业务的过度依赖也存在"畸形"因素。

（三）业务创新存在结构性过度

金融市场业务许多基础性业务创新为广大客户带来融资便利，推动社会经济高效健康发展，但也有不少金融创新产品和业务结构复杂、程序烦琐、环节过多，给客户带来了较多麻烦和一定风险。同时，一些创新性的金融市场业务与监管要求存在背离，实质风险较大，一些创新业务还因结构复杂等原因衍生出较大信用风险和操作性风险。目前金融市场业务创新过程中结构性过度问题不容忽视。

（四）业务监管还存在滞后现象

金融市场业务一直倍受监管部门关注。由于其灵活性、快捷性和创新性，再加上一旦形成模式，某些机构就迅速复制，全力抢占市场，"爆发"式发展，因此业务监管常存在滞后现象，某些机构也因非常规开展业务而受到"高度关注"。

三、金融市场业务下一步发展对策

（一）平衡两个战略

银行业金融机构业务发展中应平衡传统业务与创新业务两个发展战略。传统业务发展战略在 30 年来银行业业务发展中占有举足轻重的地位，也为我国现代商业银行制度的确立和发展打下了坚实基础。但近年来随着世界经济金融形势的剧烈变化，科技进步、国际合作与竞争加剧，传统银行业务的发展空间受到一定程度的"挤压"，银行业转变发展方式与产业升级、经济转型一样，成为银行业经营管理者和社会经济管理者直接面临、不得不解决的最重大课题之一。从关系上来讲，传统业务是核心、是基础，创新业务是新增长点、是有益补充。从结构上来讲，可以确定一个比例关系，比如传统业务与创新业务之比是 70%：30%，或是 50%：50%，甚至是 40%：60%，等等。根据比例关系确定机构市场定位和业务特色，并进行资源匹配、组织变革、流程再造等全方位的顶层设计，在新的业务结构关系基础上构建良好风险控制体系，确保正常运营。

（二）平衡两支队伍

银行业金融机构业务发展中应平衡传统业务与创新业务两支队伍。金融市场业务投入少、见效快、收益高、效果显著，是今后业务发展的重要方向。但这些创新业务也需要全面兼顾、协调发展，要建立起可持续发展的一整套工作机制，包括团队建设的持续投入，前、中、后台分离的内部控制要求和工作机制建设，考核激励、营销推动、风险控制等全套工作体系设计和全面构建，日常运营保障和信息科技支持，等等。最重要的是业务团队建设和资源投入，两支业务队伍的协作配合也非常重要。其中业务转型过程中重点要考虑的还有现有传统业务人员平稳分流和培训转岗的问题，如何引导相关人员适应创新业务需要、在转型过程中如何保持传统业务平稳发展都是要面临的重大课题。

（三）平衡两项考核

银行业金融机构业务发展中还应平衡传统业务与创新业务两方面考核。总的发展方向是：传统业务耗用的各项资源比重将逐步降低，金融市场等创新业务所占用的各项资源比重将有所提高；传统业务在核心指标体系中所占比重将逐步降低，金融市场等创新业务在核心指标体系中所占比重将有所提升，并且在考核中对创新业务与传统业务的联动发展将更加看重；传统业务资产质量考核不会弱化，而金融市场等创新业务所配置资产的质量考核将更受关注；对传统业务的正向激励力度不会减弱，但对金融市场等创新业务的正向激励力度更大；对传统业务的反向激励即问责将越发规范有序，由于金融市场等创新业务的批发性特征，机构对创新业务的反向激励即问责将更加严厉。

（四）平衡两类收益

银行业金融机构业务发展中还应平衡存贷利差收入与中间业务收入两类业务收益。金融市场等创新业务收益中主要是投资收益和中间业务收入，投资收益与存贷利差的性质更为接近，是对金融资源占用所获取的对价，其所对应业务消耗银行业机构资本比较多；而中间业务收入因为所对应业务耗用资本较少或不耗用资本，是银行业金融机构收益增长的重要发展方向。存贷利差和投资收益是收益的核心内容，在银行业收益管理中占据重要地位，而中间业务收入是创新业务收益的重要组成部分，在现代银行业运行中占据越来越突出的位置，受到银行业收益管理更多重视。银行业机构应平衡发展两类收益，根据机构市场定位和发展战略，科学管理两类收益，逐步使中间业务收入比重达到并超过国际活跃银行水平。

（五）平衡两个增长

银行业金融机构业务发展中更应平衡传统业务与创新业务两方面业务增长。从本源上说，传统业务与创新业务受经济形势的影响都较大，其发展方向具有一致性，但由于金融市场的运作规律，金融机构本身具有较高的信用评级，它们之间信任程度更高，达成交易更加容易，在经济下行期间虽然交易更为审慎，但它们之间达成交易的概率仍然很高，这就使得金融市场等创新业务受经济周期影响的程度大为降低，这也就是目前金融市场等创新业务增幅远超传统业务的主要原因。但由于经济发展整体风险的一致性，银行业金融机构传统业务和创新业务长期看应当平衡发展，不能有所偏废，虽然短期可根据市场条件有所调节，以尽可能克服经济周期对机构发展的过大影响，但不可对某类业务过度依赖，以求得与经济周期的长期一致，避免与经济周期背离的"超调"之苦，否则，杠杆过大或投资不足都将错失市场机会。

（六）平衡两类风控

银行业金融机构业务发展中也应平衡传统业务与创新业务两类风险控制。目前我国银行业对传统业务的风险控制即主要对信用风险的管理已经达到较高水平，但对金融市场等创新业务的风险控制，主要是市场风险的控制和管理水平则相对不足。一是风险管理的组织流程、风险计量模型、风险数据库和风险管理信息系统等方面与国际先进水平差距较大，无法对所有业务风险进行持续的监控、评估和预警，无法全面系统地为风险管理提供决策依据。二是目前我国法制不健全、信用体系不完善；市场主体缺位、缺乏信托精神；产品体系不完善、业务创新层次较低；金融管制较多、创新业务发展缓慢；违约事件频发、社会交易成本过高；银行业风险缓释技术运用存在较大缺陷，降低了银行业与相关机构合作进行风险缓释的能力和水平。此外，金融市场等创新业务风险管理的团队建设、信息科技支持等资源投入也是制约风险水平的重要因素。银行业业务发展风险控制过程中对传统业务和创新业务风险控制应当齐头并进、全面发展，不可存在短板，否则，风险事件就可能成为新的教训。

营销体系建设与银行业务发展[*]

市场营销是商业主体生存的最重要法则，营销体系建设在经营管理中占有举足轻重的地位。我国现代银行业经过 30 多年的传承、探索和实践，已经建立起适应当前发展形势的营销体系，但与国际银行业高度市场化的营销体系相比，还存在较多不足。在国际、国内竞争日益加剧，市场化程度不断提高的背景下，我国银行业营销体系建设还须加速前行。

一、我国银行业营销体系建设基本成就

我国银行业经过 30 多年来的实践，营销体系建设取得显著成绩，主要有以下几个方面：

一是建立了一支庞大的营销队伍。银行运营理论中，无论是"存款立行"还是"贷款立行"，都离不开营销队伍的建立。目前我国银行业营销队伍已比较壮大，《中国银行业监督管理委员会 2012 年报》披露：2012 年末，我国银行业从业人员已达 336 万人。《中国工商银行 2012 年度报告 A股》披露：2012 年末共有员工 42.7 万人（不含劳务派遣用工 2.9 万人），按工作性质可分为个人银行业务、财会资金与运营管理、公司银行业务、风险及合规管理、管理层、信息科技、其他金融业务、其他类别，其中个人银行业务和公司银行业务员工占比分别为 43.9% 和 10.6%。据此推算，

* 本文发表于《金融经济》2014 年第 3 期。

中国工商银行营销类员工至少有 23.3 万人（占员工总数的 54.5%）。《招商银行 2012 年度报告》披露：2012 年末共有员工 5.9 万人（含劳务派遣用工 1.1 万人），按工作职能分为零售银行业务、批发银行业务、综合管理、后勤保障四类。从分类看，招商银行贯彻了"大零售"经营理念，将运营人员归为零售银行业务类别。如果粗略按零售银行业务中客户经理和临柜人员各占一半计算，招商银行营销类员工至少有 3.4 万人（占员工总数的 57.5%）；如果从"大零售"观念看，招商银行营销类员工则为 5 万人（占员工总数的 85.4%）。如按 50% 比例计算，银行业营销类员工将达 168 万人。

二是产品体系初步形成。打开各银行业机构的门户网站，可以看到十分鲜明的特色：银行业机构服务意识已比较到位，均将各自特色做了突出强调，把各项产品放在十分醒目的位置。除了线上渠道还有待改善外，产品宣传基本与互联网金融的要求相差无几。例如，中国农业银行将产品分为个人服务类、企业服务类、三农服务类、电子银行类、理财服务类和信用卡服务，其中个人服务类又分为个人存款、个人贷款、支付结算、私人银行、理财服务、借记卡、电子银行、留学金融等服务类别，各服务类别又有不少金融产品；企业服务类又分为存款服务、融资融信、支付结算、现金管理、交易业务、投资理财、投资银行、托管业务、银行卡、金融市场、金融同业、中小企业、国际业务等服务类别，各服务类别又包括不少金融产品；三农服务类又分为三农个人产品和三农对公产品等；电子银行类又分为个人网银、企业网银、电话银行、掌上银行、自助银行、电子商务、短信银行、电视银行等服务类别，各类别也包括不少金融产品；理财服务类又分为理财、基金、保险、债券等多类别产品。其他银行业机构也类似。

三是服务意识和能力有了显著提升。我国银行业商业化运作 20 多年来，服务意识和服务能力有了很大改变，尤其是零售银行业务发展迅速的近 10 年，银行业服务有了突飞猛进的提高。例如，中国银行网站注重人性化，把大家关心的各种信息和各项产品都放在十分醒目的位置，便于大家点击查看。除各类别产品和中行相关信息外，还把投资者比较关心的各类信息，以及即、远期外汇牌价，存、贷款利率，债券指数，代销基金净值，券商产品净值，理财产品净值，服务收费价目，理财产品挂钩指标等大家关心的金融数据及时披露。此外，2004 年前后起步的国内银行业网点转型，以客户为中心、以服务为宗旨，优化网点布局、改造网点功能、完成服务转型，不断提升银行业服务水平和竞争能力，取得明显成效。

四是渠道整合理念初步形成。为更好地服务客户，银行业整合各类渠道的理念也已初步形成。如为方便客户各项缴费业务，银行整合了用水、用电、用气、电话、电视、上网等收费渠道，统一了收费平台，客户可以一卡通行、自助缴费，十分方便。银行还整合了券商、保险、基金等渠道，把银行打造成了一个金融超市。中国建设银行针对学生的实际情况，打造了"学生惠"平台；针对居民生活实际，打造了"悦生活"平台；还有"贵金属""房 e 通""龙卡商城"等；还整合了研究力量，共享研究报告。银行业对社会各行业的整合越来越方便、到位。

五是后台支撑体系初步建立。为做好营销保障，银行业运营支持逐步成形，后台支撑体系越来越成熟。从人力资源配置、教育培训、考核激励，财务资源的分配，产品体系的梳理和完善，渠道的整合，管理信息系统的建立、维护和更新，品牌策略等营销支持手段等从无到有，从粗到精，日益完善。如交通银行移动金融平台的建立、沃德财富营销体系的品牌等。为更好地服务出国金融需求人群，沃德体系中还创立了海龟指数，服务日益精细化。

二、我国银行业营销体系存在的不足

一是营销团队建设存在诸多不足。主要问题是量大质不优，主要原因是准入把关不严、培训不到位、营销能力欠缺、合规意识淡薄。首先，我国银行业竞争日益白热化，众所周知，银行吸存非常不易，然而要找到坚持实业、稳健经营、遵守法律、讲究道德的经营者并对其企业发放贷款也十分困难。目前银行业营销方式中"关系营销"还是主流，其他的营销手段和技巧虽然效果也比较明显，但仍居次要地位，在客户关系中比重很低。在这种状况下，"资源"型客户经理大行其道，中小银行更是把有资源、能做业务作为选人用人的首要条件。这些资源型人才，不少以其特定的关系人业务作为谋生手段，道德水准、业务能力、敬业精神等与银行业从业人员基本要求相去甚远，给银行业留下了较大的风险隐患。其次，目前银行业评价考核还不尽科学，盲目比规模求速度的倾向十分严重，竞争加剧背景下银行业管理层经营压力巨大。管理者天天面对业务指标的重压，能出活、快出活、多出活的资源型人才自然更对管理者的"胃口"，这也是目标短期化考核"指挥棒"下的必然选择，所以目前营销人员招聘中很难有"生手"能够脱颖而出。培养生手、系统化业务培训这些着眼长远的事情，银行业机构现在做得都很不到位，良好的企业文化很难建立，员工的忠诚度自然降低。目前银行业已经陷入了"营销人员准入失控—培养新人不到位—业务低水平恶性竞争—人才大量流失"的恶性循环。再次，重业绩轻培训，师徒帮带也不到位，大型银行不需要营销、中小银行不会营销，目前银行业营销队伍营销能力普遍比较低下。最后，考核压力较大、业务培训不足、营销能力欠缺背景下营销人员的合规意识淡薄等问题比较突出。

二是产品体系存在较多缺陷。尽管我国银行业产品体系建设已取得较大进步，并已初步成形，但离国际银行业较高标准尤其是与国际活跃银行相比差距还比较大。主要差距在产品品种不全、产品质量不高、产品的延伸性不够。首先，目前我国银行业混业经营局面初步形成，但大的金融产品体系格局尚未完全建立，产品品种完善还需从多角度努力。从金融控股平台和混业经营模式看，目前虽然中信、光大、兴业、平安和四大金融资产管理公司等金融控股平台基本成形，五大国有银行和招商银行等混业渠道平台已初具雏形，但多品种产品服务和一站式金融服务解决方案提供能力还有较大欠缺，在集团层面或在单个机构获取服务的产品品种仍不全面且效率较低。从分行业产品品种看，也都存在尚未引进国际银行业成熟产品的问题。从单个机构看，也存在较多机构产品品种落后于我国分行业先进机构的问题。其次，产品质量不高主要体现在产品创新不够。一方面，原有产品长期没有与时俱进，跟不上形势变化和客户的需求。另一方面，现有的产品创新大部分是原有产品的简单升级，原创性的核心创意较少；产品创新周期较长、效率较低、宣传不够。其结果是目前我国银行业产品体系比较陈旧，与经济发展水平和居民财富结构变化的不适应性在不断加剧。最后，不少产品作为金融工具的功能发挥还存在较大欠缺，产品的延伸性还有待提高。

三是服务意识和能力尚有较大差距。营销背后深层次的较量往往是服务意识和能力的全方位比拼，目前我国银行业还存在未完全把客户体验放在首位、营销与服务脱节、营销能力欠缺等问题。首先，虽然"客户就是上帝"的口号在银行业已经不陌生，并且对客户的服务也越来越精细化，但尊重客户的理念还未深入人心，对客户的服务也还停留在表面，"霸王"条款还比较多、服务质量还不够高、服务效率还较低、业务创新还不够快、金融产品还不太全、办理业务还不太方便、客户投诉还比较多等也证明了银行业还没有做到把客户体验放在首位。其次，营销往往还比较关注最终产品的销售，对客户的权益教育、风险揭示、售后服务等远远不够，这种忽略了全面服务基础上的产品销售，很难得到客户的持续信任，最终必然影响到产品销售。最后，业绩压力下的营销与服务引导下的营销有着本质的区别，由于这种营销不是以客户为中心，不以持续改善客户体验为出发点，为客户带来的附加价值和全面价值必然不足以支持客户对银行业机构的持续信任，最终使得营销人员销售能力不足。

三、进一步完善银行业营销体系的对策

完善银行业营销体系，应做好以下七个提升：

（一）完善考核机制，提升激励引导

我国银行业应进一步完善考核机制，以可持续发展观为指导，夯实业

务基础，提高创新能力、完善产品体系、提高服务效率和质量，切实提高客户体验，为客户提供超额价值，在客户业绩增长的过程中实现自身业绩增长。因此，营销考核应多关注客户数量的增长尤其是有效数量的增长、客户质量的提升、客户对本机构产品的满意度、客户对本机构业务创新的认同度、本机构客户服务的效率和质量、客户对本机构的有效投诉及处理和反馈情况等，并以这些关注点为维度，建立科学全面的营销评价体系，并且保持合理的延续性。对考核要点综合执行情况较好的营销团队，要进行正面激励，增加资源、精神奖励、职位晋升等配套刺激，反之，则应进行负面激励（处罚）。相关政策保持一定的稳定性，持续引导建立良好销售文化。

（二）加强团队建设，提升营销能力

团队建设是营销体系建设的重要内容，有队伍没团队，形成不了战斗力。加强团队建设，首先要培养一批好的团队带头人或团队领导，用强有力的领导来带动队伍实现销售目标。其次要塑造良好的团队文化，取长补短、亲如家人，全面提高执行力。再次要加强业务学习和培训，建设学习型组织、打造学习型团队，全面提升业务水平和营销能力。最后要培养服务意识，用心为客户创造价值，从服务客户实现业绩中获得营销的快感、明白营销的真谛。用心去营销，营销能力自然提高，销售业绩自然出色，对营销人员、销售团队、经济实体都一样。

（三）完善产品体系，提升品牌形象

我国银行业要以客户需求为核心，不断收集和分析客户需求的最新信息，进一步强化创新意识，提高创新能力。加强产品梳理，淘汰落后和过时的产品，迎合客户需求，及时开发、补充最新产品。对公业务产品着重加强投资银行业务产品的补充；零售业务产品应不断吸收国际活跃银行产品开发经验，逐步提供与客户需求相适应的新产品，并结合客户需求不断改进。持续完善产品体系，满足客户日益提高的金融需求，不断提升品牌

形象。

（四）着力加强服务，提升客户体验

服务是服务业的核心竞争力，银行业也不例外，目前仍需在服务理念、服务质量等方面着力加强。一方面是要以提升客户体验为宗旨，以一切着眼于客户、一切有利于客户、一切依托于客户为出发点，不断强化服务理念。做到制度设计、流程优化、业务创新等一切业务活动都立足于客户需要，了解客户诉求、尊重客户意愿、重视客户意见，为客户节约时间、为客户降低成本、为客户创造价值，真正实现以客户利益为中心。另一方面要仪态端庄、技能熟练、语言得体、善于倾听、业务精良、专业诚信、举止大方，全身心投入为客户设计合理的结算方式、产品组合等解决方案，为客户创造最大价值，努力提高服务质量。

（五）加强资源整合，提升渠道功能

客户的需求经常涉及较多的部门，对银行业资源整合的能力和效率也提出了越来越高的要求，资源整合和业务创新后形成的新业务模式迅速普及并成为日常业务品种，客户又不断提出新的业务需求。加强资源整合，首先要强化与政府部门的沟通和协作，使便民利民的各项措施在政府部门的支持下可以顺利实现。其次要加强与各行业协会的联系，在信息对称的基础上拓展客户并加强服务。最后要加强与中介、同业、咨询、产业园区等机构的合作，为服务客户提高效率、降低成本。

（六）强化后台支撑，提升服务效率

运营能力是各种经济实体经营管理最核心的能力，集约式的运营可以最大限度地节约包括人力、财务、硬件、系统等在内的所有类型的资源投入，并最大限度地为客户提供优质体验，在实现客户最大价值过程中顺利达成销售，从而实现自身的最优业绩。科技实力是银行业核心竞争力的集中体现，某种程度上也是银行业的"第一生产力"。银行业机构应牢固树

立全局意识、客户至上、全员营销、最优服务、系统科学、团队协作等观念，急客户之所急，想客户之所想，切实提高服务效率。

（七）加强合规监控，提升风控能力

营销体系建设与合规监控从企业的价值本源上取向是一致的，但在经营管理过程中常常是一对伴生的矛盾体。营销管理中经营强调销售业绩的实现，有时会忽略合规要求，这也是目前银行业各种风险不断积聚的主要原因。因此，银行业机构董事会、经营管理层、监事会等高层在营销体系建设的顶层设计中就必须强化合规创造价值、合规帮助顺利实现价值的理念，在营销考核、团队建设、技能训练等各重点环节中须强化合规要求和合规监控，切实提高机构风险控制能力，实现可持续发展。

商业银行公司业务创新发展路径[*]

近年来，我国商业银行公司业务发展面临不少困难，集中体现在存、贷款增长均显乏力，资产质量出现滑坡，不良资产率持续攀升，公司业务对银行贡献不断降低。如何破解难题，新形势下加快创新发展是重要的战略思维和突破路径。

一、背景

（一）存、贷款增长乏力

2004～2013 年，我国商业银行公司业务发展迅猛，一直保持两位数的增长速度，较好地支持了社会经济发展。但自 2009 年以来，公司业务增长虽仍保持高位增长态势，但增速逐步放缓，2013 年尤显困难。从最接近存、贷款增长趋势的银行业总负债和总资产增长情况可以看出这种状况（见表 1）。因长期经济过热、为防范金融危机而出台的 4 万亿元经济刺激计划，导致 2009 年银行业总资产和总负债增长率双双超过 26%，创历史新高。之后一路走低到 2013 年的双双在 13% 稍高，创十年来历史低点。

---

　　[*] 本文发表于《银行家》2014 年第 5 期。

表 1　中国银行业金融机构资产负债增长情况　　　单位：%

年份 类别	2004	2005	2006	2007	2008	2009	2010	2011	2012	2013
年末总资产按季同比增长率	14.0	18.6	17.3	19.7	18.6	26.3	19.7	18.9	17.95	13.3
年末总负债按季同比增长率	13.8	18.1	16.5	18.8	18.2	26.8	19.0	18.6	17.79	13.0

资料来源：原中国银监会网站（http：//www.cbrc.gov.cn）。

（二）资产质量出现滑坡

2004~2013 年以来，我国商业银行资产质量趋势良好，不良贷款余额和不良贷款率基本呈逐年下降态势。但 2011~2013 年出现变化，尤其是 2013 年两个指标均出现上升（见表2），反映整体经济比较困难，公司业务风险出现上升苗头引人担忧。

表 2　中国商业银行资产质量状况　　　单位：亿元、%

年份 类别	2004	2005	2006	2007	2008	2009	2010	2011	2012	2013
年末不良贷款余额（亿元）	17176	13134	12549	12684	5603	4973	4293	4279	4929	5921
年末不良贷款率（%）	13.21	8.61	7.09	6.17	2.42	1.58	1.14	1.0	0.95	1.00

注：2004 年数据仅包括国有商业银行和股份制商业银行的数据，其他年份数据均包括大型商业银行、股份制商业银行、城市商业银行、农村商业银行和外资银行的数据。

资料来源：原中国银监会网站（http：//www.cbrc.gov.cn）。

（三）公司业务贡献降低

一是公司业务总体贡献趋势发生转变。原银监会公布的数据显示：商业银行 2013 年全年累计实现净利润 1.42 万亿元，同比增长 14.5%（比 2012 年增幅下降 4.4 个百分点）；平均资产利润率为 1.3%，比上年同期下降 0.01 个百分点；平均资本利润率为 19.2%，比上年同期下降 0.7 个百分点。这说明作为商业银行核心业务的公司业务发展遇到了困难。二是公司业务在利润贡献中的比率在降低。兴业银行 2012 年度报告显示，在业务收入中金融市场业务收入占比达 42.81%。交行 2013 年前三季度公告称，其资金与同业业务实现利息净收入也占全行实现净利润的 1/3。招商银行 2012 年报显示，在贷款利息收入中，零售贷款收入占贷款和垫款利息收入的 35.63%；非利息净收入中，零售银行业务净收入占比更高达 49.74%。公司业务面临银行业务转型的压力日渐加大。

二、困境

公司业务一直以来并将长期占据商业银行业务的核心地位，但随着零售业务转型的不断推进、金融市场业务的迅速发展、投资银行业务的持续开发，以及利率市场化、科技进步和互联网时代来临，公司业务发展面临越来越严峻的挑战。

（一）零售业务基础性地位日益凸显

我国普通民众家庭高储蓄的行为习惯为商业银行零售业务带来巨大商机，零售业务的"含金量"正不断被我国银行业"重新认识"。一方面，零售业务是银行业务的基石。零售业务面对成千上万的客户，做大规模不容易，需要较长时间，但只要到了一定规模，零售业务的稳定性也相对较高，不易大起大落，尤其是低成本的储蓄存款，越来越成为银行业竞相争夺的"焦点"。另一方面，零售业务是银行业转型的基础。历史上较长一段时间商业银行收入几乎全部来自对公业务，目前总体而言银行业收入中对公业务收入的占比也高达 90% 以上。但随着零售业务的不断成长，尤其是在对公业务举步维艰的时刻，零售业务开始"反哺"对公业务。再者，形势的变化不容过多迟疑，随着利率市场化、金融自由化、市场国际化的加速到来，对公业务、同业业务和投资银行业务面临的冲击更大，零售业务的坚定转型必将成为银行业有识之士的共同自觉选择。

（二）金融市场业务发展迅猛

近年来，鉴于贷存比、存款准备金率的刚性要求，资本要求的细化和趋严，监管趋紧限制了银行传统业务的增长速度并压缩了盈利空间，金融市场业务随之迅速发展起来。兴业银行 2012 年度报告显示，金融市场业务配置资产在资产总额中占比达 41.63%，主动负债在负债总额中占比达 34.30%，实现收入在业务收入中占比达 42.81%。金融市场业务成为创新型银行业务的重要组成部分和收益的重要来源，也是商业银行创新的高地。其他商业银行金融市场业务的发展也存在类似趋势。

（三）投资银行业务全面推进

商业银行业务发展另一个明显趋势是投资银行业务的不断兴起。商业银行资本有限、规模受限，除金融市场业务外，资本占用更少、基本不占用信贷规模等资源的投资银行业务越来越受到商业银行的重视，不少银行已经将其作为战略重点大力发展。

（四）利率市场化对公司业务提出新的要求

随着我国经济市场化程度的进一步加深，利率市场化的发展也不断加速，对商业银行公司业务发展提出了全新的要求。利率市场化培育了广大金融消费者的财富管理意识，无论是个人客户还是公司客户，大家的理财意识不断增强。商业银行的代客理财业务发展迅速，专业财富管理机构的理财业务更出现飞跃式增长，理财业务市场竞争持续加剧，存款利率水平上升趋势明显，商业银行存款营销遇到了前所未有的困难。

（五）互联网时代金融脱媒进一步加剧

随着科技进步和世界经济一体化的发展，互联网时代正以让人意想不到的速度到来，世界经济和金融发展格局将面临深刻变革。互联网的全面应用将极大地影响社会经济生活中的各个方面，社会资源将重新整合，社会经济各行业面临深度改造，商业模式面临巨大变化，企业运营将面临全新的运行规则和管理要求，产品、客户、服务等基础商业概念面临重新定义。就金融业而言，金融脱媒将进一步加剧，直接融资周期更短、效率更高、信息更透明，商业银行的资产业务也将面临信托机构、各种类型和背景的直接投资机构（如券商、保险资金运用部门）、各种类型的直接贷款平台（如小额贷款公司、P2P 金融平台）的激烈竞争，商业银行业务发展面临"十面埋伏"。

三、出路

（一）理性看待公司业务的战略定位和发展趋势

（1）因时而变，理性定位公司业务。随着科技发展和时代进步，社会经济发展和金融运行有了不少新的变化、新的趋势和新的要求。公司业务仍然是商业银行业务中的重要组成部分，但零售业务、金融市场业务、投资银行业务和国际业务等也将迎来更快更好的发展。公司业务的发展不能再沿袭以前粗放的模式，一定要精准定位，有所为有所不为。每个主体都应认清自己，集中精力做好自己的核心领域，形成核心竞争力，而其他更多的生意机会，则应理性看待，"有舍有得"。对于新兴业务，则应认真论证、厘清思绪，确定发展方向，建好架构和团队，大力拓展，把握新的业务机会，形成新的利润中心，打造新的发展模式。

（2）顺势而为，加强风控稳健经营。风险控制是公司业务发展的核心内容，尤其是在当前经济面临困难的背景下，一定要顺应逆周期经济发展和商业银行发展规律，审慎稳健经营。一方面，要厘清业务主线，打造核心竞争力。重点是抓住自身风险控制的领先区域，稳定发展业务，打造业务特色品牌。另一方面，对于非核心的业务，要果断放弃一些业务领域和业务机会，降低风险控制要求；适当精简部门、机构和人员，努力控制好经营成本；牢固树立"减法"思维，为做好核心业务增添动力。

（二）理性看待公司业务与其他业务的联动发展

（1）公司业务要加强与零售业务联动发展。一方面，公司业务是零售业务的重要客户来源，各公司的员工就是零售业务的基础客户。另一方面，零售业务对公司业务发展有很大的作用。零售业务对客户的各项良好服务有助于提高客户的忠诚度，这是与客户业务合作的重要前提。而客户接受某一机构一定数量的产品与服务后，其行为习惯将决定其主导的业务机会的归属（经验数据表明，个人或公司客户接受某银行4~6项产品与服务后，其对该银行的"黏度"将显著提升，其他的业务机会往往倾向该银行）。同时，零售业务由于直接服务于金融消费者自身，更容易形成品牌影响力。比如，对公司实际控制人、经营负责人、资金或财务负责人、财务部门负责人、大多数员工提供直接服务的银行，其对该公司的重大对公业务机会的获得相对更为容易。这也是富国银行（Wells Fargo）和招商银行公司业务和零售业务加强联动，对公和对私产品交叉销售大获成功的重要经验。

（2）公司业务需加强与金融市场业务联动发展。虽然银行业信息披露日益健全和完善，但金融市场业务部门仍然是深入了解同业的重要窗口。公司业务部门要加强与金融市场业务部门的联动，主动加强与同业的沟通与交流，学习先进经验，迎头赶上，先行发展；吸取同业教训，少走弯路，提前防范。在交流中把握合作机会，在重大业务合作中不断创新形成突破，努力实现互利共赢。商业银行中一直有互相学习的良好风尚，值得坚持和进一步发展。

（3）公司业务须加强与投资银行业务联动发展。近年来，商业银行投资银行业务发展较快，业务创新层出不穷，投入比较少，人均创利高，为不少机构带来较大的中间业务收入，形成了新的利润增长点。投资银行业务本身不少就是公司业务机会，有些业务是在监管要求下的创新操作。投资银行业务的客户一般资质较好，是商业银行的优质客户，其商业活动普遍较为活跃，对金融服务的要求较高，与商业银行公司业务合作的机会相对也更多，是商业银行公司业务的重要方向。

（4）公司业务应加强与国际业务联动发展。随着我国经济的飞速发展和世界经济一体化的加速推进，我国商业银行国际业务发展也十分迅速，为我国银行业与国际惯例接轨、学习国际先进经验创造了良好条件。我国不少优秀大中型企业也不断走出国门，将国际化作为重要发展战略之一，境外交流、境外投资等活动日益频繁，为商业银行国际业务打下了坚实基础。如何更好地服务好这部分优质客户，加强公司业务与国际业务的联动发展是目前我国商业银行面临的一项重要课题。

（三）理性看待公司业务的发展重点和工作措施

（1）建立相对完善的考核机制。公司业务应坚持市场导向和利润导向，同时也应兼顾客户维护等基础性工作。考核应高度重视基础客户群体的培育，加大对基础工作和业务量的考核力度，引导基层单位通过业务量的积累逐步夯实业务基础，提高创新能力、完善产品体系、提高客户体验，为客户提供超额价值，在客户业绩提高和达成愿景的过程中实现商业银行自身的业绩增长，建立良好的客户关系维护文化。坚持市场定位和风控优先，公平资源投入，引导存、贷款等中间目标的顺利实现，最终完成实现利润这一核心目标。

（2）完善产品体系，加强服务能力。商业运作产品是核心，尤其是在互联网时代。要以客户为中心，根据客户的行为习惯进行产品的设计和开发，并根据客户的不同需求完善产品功能，形成产品体系，尽可能地保留"度身定制"功能，围绕特色需求组织产品设计和生产运营，及时跟踪市场情况和同业产品动态，高效满足客户需求。

（3）加强深度挖掘，提升客户质量。客户群体培育之后，如何提升现有客户的产能就是更为关键的经营能力。需不断加强对客户的跟踪和了解，根据客户所处发展阶段和业务特点，提前预判客户需求，设计适合的产品和贴身的金融解决方案，诚心实意在客户有需要之前或及时提供金融服务，实现精准营销，不断提升客户忠诚度，加大合作力度和业务深度，努力提高其对银行的综合贡献。

（4）加强客户服务，提升客户体验。以客户需求为核心，不断收集和分析客户需求的最新变化，强化创新意识，提高创新能力，持续完善产品体系，及时满足客户的金融需求，不断提升品牌形象。以客户满意为追求，不断强化服务理念，做到制度设计、流程优化、业务创新等一切业务活动都立足于客户需要，为客户节约时间、为客户降低成本、为客户创造价值，既满足客户实现价值的需要，也充分关注客户的精神需求。重视并建立长效工作机制，认真做好售后服务，持续提升客户体验。

（5）加强队伍建设，培育团队意识。要培养一批好的团队带头人，用强有力的领导来带动公司业务队伍实现销售目标。要加强业务学习和培训，创建学习型组织、打造学习型团队、培养学习型员工，全面提升业务水平。要塑造良好的团队文化，加强公司业务与零售业务、金融市场业务、投资银行业务和国际业务等的全面联动和交叉销售。培育全员营销意识，打造良好的全员销售文化，不断提高业务执行力。

（6）强化后台支撑，提高运营效率。整合资源、优化流程、科学运作，不断提高银行经营管理的系统性、科学性和集成能力。将客户业务发展所需天使投资、创业扶持、资产评估、信用增级、征信服务、融资策划、管理顾问等所有服务尽可能地集合起来，建立全面统一、灵活高效的公司业务"金融超市"，并与其他各项业务良性互动。提高系统服务水平和科技支撑能力，为客户提供最优体验，为产品提供最佳运行环境，为服务提供强有力的运行保障，不断强化服务特色和品牌意识，持续打造核心竞争力。

七

产业转型

银行业进入整合期有利于改革突破[*]

当前，中国的银行业在资本实力、资产质量等方面已处于国际先进水平，经营管理能力和风险控制水平也有长足进步。但与此同时，市场竞争的白热化、社会矛盾的风险转嫁、金融脱媒、利率市场化的推进等因素对中国银行业的发展形成巨大压力。日前，温州银行副行长、温州市决咨委研究员欧阳韶辉接受《理论周刊》专访，他认为，在社会转型和国内经济发展放缓的大背景下，我国银行业将进入整合期，这将为经济改革提供良好机遇。

一、整合启动的必要性

记者： 在你看来，中国银行业整合的序幕大致是从何时拉开的？

欧阳韶辉： 市场细分应是一个重要标志。

20 世纪 90 年代我国实行银行商业化改革后，商业银行的业务范围完全一致，各行"甩开膀子"抢市场、做业务，贪大求全、盲目攀比，竞争日益白热化。而近十几年来，招商银行率先探索零售业务发展模式，以民生银行、包商银行、浙江泰隆银行为代表的一些商业银行则提前进入中小企业和小微企业的蓝海，打造了良好的企业品牌。当前银行业主体较多，业务趋同，竞争激烈，经营压力日益增大，市场细分、明确定位、错位发

---

[*] 本文于 2013 年 8 月 5 日发表于《金融时报》第 12 版。

展越来越成为银行管理者和经营者们在发展战略抉择过程中的必然归宿。市场细分，整合其他机构成本较高，但效率也很高，招商银行对永隆银行的整合案例无疑让大家看了一出好戏。尤其是次贷危机以来，国际银行业活跃机构对非核心业务处置的坚定决心以及在核心业务上并购的坚强毅力，给我国银行业上了生动的一课。由此来看，未来3~5年开始到较长时期，将是我国银行业频繁进行市场整合的时期。

记者：当前中国银行业都在进行业务转型，整合能否对其发挥积极作用？

欧阳韶辉：当前银行业同质化恶性竞争带来比较严重的后果。一是盲目追求业务规模和发展速度，信贷资金堆向垄断国企、上市公司等"垒大户"现象愈演愈烈，导致这些低效益公司随意投资，经济资源配置低效引发对社会高效率部门的"挤出"效应。二是政府平台贷款规模日益增大，巨额政府债务给我国银行业带来系统性风险。三是银行业资金投向趋同，导致经济同期波动对银行业的影响容易形成"同频共振"，加大了政府对经济调控的难度、危机时经济损失的程度和银行业风险管理的难度。四是银行业业务的一致性加速了人员流动，逐步降低了银行业员工的素质要求，并在一定程度上加大了员工的道德风险。业务转型的压力从来没有像今天这样真切。业务转型的标准周期包括前期调研、目标制定、明确方案、分步实施、总结提高几个阶段，一般一个周期需4~6年时间。由于我国银行业治理的复杂性，这么长的时间坚持做一件事情容易产生变数，俗话说"夜长梦多"，业务转型从来都不是一件轻松的事情。招商银行的零售业务转型面临不少内部的责难；浙江泰隆银行的小微企业转型也伴随着其董事长十分艰难的"心路历程"；更不用说平安银行的历次转型均伴随着成建制的"管理层整合"和巨大的"人事震荡"。因此，我国银行业业务转型过程中，与国际银行业一样，整合将成为十分重要的手段，甚至可以说是"不二法门"。

二、影响整合的相关因素

记者：在整合过程中，市场主体的较大差异会带来哪些影响？

欧阳韬辉：我认为可以说是增添了趣味。当前我国银行业主体丰富，但差异性也较大。一是从战略管理上看，有的机构战略目标十分清晰，发展路径规划明确，战略执行非常得力，战略发展效果良好，有的机构则目标不清、路径不明、执行不力、效果不彰。二是从公司治理上看，在我国银行业机构中，国有绝对控股和相对控股的机构为数较多，纯民营机构很少，所以治理机制存在不少问题。国有机构主体缺位，从根本上缺乏形成良性治理的激励，而民营机构中控股股东大多还经营其他行业，往往侵蚀银行业利益。三是从股东构成上看，专业金融投资机构很少，对银行业管理提升和可持续发展造成极大制约。四是从经营成果上看，差距很大。截至 2012 年底，最大体量的中国工商银行，资产总额已达 17.5 万亿元，约占全国银行业资产总额的 13%，年度净利润达 2387 亿元，手续费及佣金净收入比营业收入（可反映中间业务收入占比）为 20.02%，成本收入比为 29.24%，不良贷款率为 0.85%。而资产规模较小的机构，有的仅数亿元。资产质量方面，有的不良贷款率几乎为零，有的不良贷款率近 10%。资本充足率方面，有的超过 30%，也有的还未达标。拨备覆盖率方面，有的超过 400%，也有的不到 100%。收益方面，有的机构还在亏损的边缘挣扎，有的机构中间业务收入很少，有的机构成本收入比超过 50%。五是从网点布局上看，中国农业银行已有境内分支机构 23472 个，境外分支机构 9 个，12 个控股子公司；但也有不少单个网点的法人机构。六是从人才储备上看，部分机构储备十分丰厚，但机制僵化，人才发挥作用较小；不少机构人才比较缺乏，甚至到了影响日常运营的地步。尤其是近十年来许多利益主体加入银行业，他们的思维方式、利益诉求、管理能力、行为模式等都千差万别，为了共同的利益他们都希望机构迅速发展——或是规模扩张、占领市场；或是着眼收益、注重长远；但也有更多的是看到了眼前，哪管明天！整合成为当前银行业的共同取向，银行业主体的巨大差异也为各项整合增添了故事来源。

记者：资本运作从来没有像今天这样被人们津津乐道，这又会给整合带来哪些影响？

欧阳韶辉：我认为资本运作会为整合插上翅膀。我国银行业资本运作大致经历了几个时期。最开始是国家出钱办银行，大干快上抢地盘；接下来是办银行好赚钱，政府（主要是各级财政）国企（央企和地方国企）抢着干；后来是增资扩股，各路"神仙"一起上；然后是资本运作成趋势，争着抢着去上市；近期是各家银行膨胀快，补充资本靠发债。随着我国银行业发展的差异性不断加大，资本市场的不断成熟，专业金融投资公司的不断成长，银行业经营形势日益复杂，经营风险不断加大，再加上资本要求的刚性约束等，银行业整合必将不断花样翻新、精彩纷呈。

记者：银行业风险增大将是影响整合的核心因素，你能否对此做一具体分析？

欧阳韶辉：当前银行业经营管理存在一些机遇，但其生存发展也面临巨大挑战。一是国际经济形势不容乐观，对出口影响较大。同时，我国外向型经济发展受影响后，进口能力下降；制造能力增强，发达国家依然对我国封锁技术，国内进口需求也在下降。二是我国产业基础还比较薄弱，高科技产业形成气候尚需时日；在产业形成和积聚过程中，还将伴随着经济转型经常性的"阵痛"和不间断的"长痛"，银行业必然跟随承受。三是经济增长从以往过热逐步趋于良性，社会保障体系还不健全，普通民众家庭可支配财力有限，消费需求在稳定增长的基础上很难有较大提升。四是财政增收困难较大，维持前几年30%以上的持续高增长难以为继，政府投资能力受到极大限制。政府平台贷款局部违约和由此导致的个别"地方政府破产"的危机必然转嫁到银行业。五是企业经营状况不佳，银行业面临信用风险增大的巨大困难。六是利率市场化压缩了银行的利润空间，银行将逐步转入微利时代，这既是竞争的结果，也为民营资本全面进入银行业加紧了环境的准备。七是直接融资的发展使得金融脱媒日益成为趋势，对银行业经营模式造成了巨大的冲击。八是科技不断进步，第三方支付公司及电子商务的迅猛发展快速吞食银行业务。九是新资本协议的实施，对理财业务等中间业务加强监管等政策的实施，加上长期隐性通货膨胀导致人工成本的巨大上涨压力，科技、机具等基础设施投入成本也将不断增大，这些因素综合作用，银行业盈利能力将大大降低。十是金融主体的多样化导致竞争日益加剧，极大地压缩了银行业生存空间。未来3~5年以至更长一段时间，将有一些银行业机构步入亏损乃至破产的境地，银行业并购潮即将到来，我国银行业将进入又一轮整合期。

三、整合的逻辑与价值所在

记者：在长期操作中如何把握整合的逻辑？

欧阳韶辉：银行业服务国民经济所有行业，受单一行业周期发展的影响较小，银行业发展过程能"熨平"某些行业的发展周期，但其自身发展也存在周期性规律，并且银行业发展周期基本与大的经济发展周期形态一致，都落后一个贷款平均期限。30年来，我国银行业发展周期过程中对出现"问题"机构的处置，一般采用政策性整合的办法，但在下一阶段的整合过程中，有可能商业化运作的比重会增大。预计新一轮银行业整合过程中，并购将成为重要方式。因此，有实力、有远见的央企还将有机会以更低成本、更好的借口进入银行业，新型"纯"民营银行的出现也有了更大可能。

记者：从宏观层面如何看待银行业整合的价值？

欧阳韶辉：银行业整合期的到来给最高层面的改革突破提供了良好机遇。一方面，从外部来看，政治、经济、社会等各层面的困难和矛盾长期积累，在渐进式改革尤其是面临突破的过程中，银行业经营发展机制本来已受到质疑的背景下，对金融体制和机制改革必然提出新的要求。另一方面，从内部来看，环境变化、经营困难、战略转型、业务深化、运营调整、职能整合都需要对固有模式进行彻底梳理和全新改造。外部冲击和内部冲突将出现利益的一致，从而引领最高决策层、监管部门和银行业机构间行为的"共振"，金融生态可以保持"和谐"。可供尝试的改革方向包括利率市场化、汇率形成机制、存款保险制度、资产证券化、金融混业经营、金融监管体系和协调、金融税制、金融业股权模式等很多方面。

但在银行业整合和改革突破中也需认真关注以下几方面问题：一是金融业股权生态系统重构、公司治理深化，重点是民营银行的地位和发展节奏。二是金融发展与金融监管协调，尤其是对金融业创新监管理念的培育与深化。三是金融业风险形成、传导、隔离和处置过程中，政府发挥作用的度的把握，对消费者教育、权益保护的深度和力度。四是在认真评估外资作用的基础上，重新审视我国金融业对外开放的程度和步骤。五是中国金融业中长期发展规划和协调，金融业发展与国家安全以及中国金融业在国际金融界的位置和趋势。这一阶段的整合和改革突破，有可能是中国银行业比较完全意义上的商业化、市场化的最佳契机，因此在中国银行业发展史上将具有里程碑意义。

零售业务是商业银行转型的基础[*]

近年来，虽然中国银行业的零售业务已经发生了巨大变化，取得了长足进步，但复杂的经济金融形势一直在强化着中国银行业业务转型的紧迫感。日前，温州银行副行长欧阳韶辉接受《理论周刊》专访，他认为，下一阶段，零售业务将迎来更快更好的发展，并将再度成为商业银行的核心业务。

一、零售业务正在不断被"重新认识"

记者：在国际国内经济形势变化的影响下，我国银行业对公业务和零售业务的地位近年发生了什么变化？

欧阳韶辉：在我看来，最显著的变化是零售业务开始"反哺"对公业务，具体而言：

一方面，对公业务面临较大困难。受经济周期性运行影响，近年来我国各行业企业经济效益普遍下滑，信用风险压力巨大。随着国际金融业对我国的不断渗透，以及我国金融改革的不断深化，资本市场不断发展壮大，直接融资越来越成为社会融资的重要力量。随着科技进步和互联网的飞速发展，"线上"金融业务的发展如"雨后春笋"，银行业不断面临"脱媒"的冲击和考验。中共十八大以来形势变化很快，政府平台、央企

---

[*] 本文于 2014 年 2 月 10 日发表于《金融时报》第 12 版。

等国有企业维持超高速发展的可能性存在变数。银行业对公业务发展受阻，将成为下一阶段银行业失败机构的重点"事故多发区"。

另一方面，零售业务成为银行业转型的基础。理论上讲，零售业务应该是银行业发展的起点，应该是银行的基础业务。但随着银行体系的不断发展，对公业务的地位越来越重要，尤其是在创利方面，我国银行业历史上较长一段时间银行收入几乎全部来自对公业务，目前总体而言银行业收入中对公业务收入的占比也高达90%以上。因此，十年前银行业所提的业务转型实际上是从对公业务向零售业务的转型。这期间，其实都是对公业务在支持零售业务的生存和发展。时移事易，银行业发展到今天，尤其是在对公业务举步维艰的时刻，零售业务在不断成长，到了开始"反哺"对公业务的时候了。招商银行2012年报显示：年末零售贷款余额为6868亿元，占贷款和垫款（含票据贴现）总额的36.06%。零售贷款平均收益率6.78%，比企业贷款（6.41%）、票据贴现（6.64%）平均收益率分别高出0.37%和0.14%（比率分别为5.77%和2.11%）；零售贷款不良率为0.48%，比企业贷款不良率（0.73%）低0.25%（比率为34.25%）。在贷款利息收入中，零售贷款收入占贷款和垫款利息收入的35.63%；在存款利息支出中，零售客户存款支出却仅占客户存款利息支出总额的31.55%。尤其是非利息净收入中，零售银行业务非利息净收入占比达49.74%。近年来，民生银行、包商银行、宁波银行、浙江台州的三家"民营"银行，以及好几家扎根村镇、稳健务实发展的农村合作金融机构的零售业务也得到长足发展。

记者：既然零售业务是银行业务的基石，为什么目前银行业零售转型依旧不够彻底？

欧阳韶辉：由于对公业务发展越发困难，虽然同业业务和投资银行业务已经有了长足的发展，但面临的宏观政策方面的不确定性仍然很大，零售业务发展空间广阔、业务比较稳定并且银行在定价等方面占据较多主动权，所以大多数银行自觉向"大零售"方向转型。但零售业务面对的客户范围广、服务项目繁杂、要求高，运营成本较高。首先是硬件成本较高，主要包括网点设备等投入。发展零售业务，"人气"十分重要。尤其是目前比较时髦的"社区银行"，其实质就是靠更接近客户、更方便业务操作和服务积聚"人气"，积极拓展零售业务并为零售业务开展提供客户基础和信息数据支撑。开网点、铺设备都不能太少，自然成本比较高。其次是人力成本高昂。零售业务，目前靠的还是"人海战术"。据测算，中等经济发达地区银行的业务人员，对公客户经理人均大约能做 3000 万元存款、2000 万元贷款，零售客户经理人均大约能做 1000 万元存款、500 万元贷款。当然对公客户经理的存款会有些"水分"，零售贷款定价会高一些。这一数字也初步表明：做到同等规模，零售业务为主的网点需要的人手是对公业务为主网点的 3 倍，而要做到同等效益（利润），零售业务为主的网点需要的人手也是对公业务为主网点的 2 倍。当然相对而言可能零售业务为主的网点，其规模、收益会比较稳定，风险比较小，但业务和管理难度也会相应增大。而目前零售客户经理的待遇一般在对公客户经理的 70% 左右，这就意味着零售业务为主的网点，人力成本将是对公业务为主网点的 1.5~2 倍，而人力成本又是银行经营成本中最重要的部分。最后是营销费用增大。零售业务面对的客户规模小、数量大，相应地，营销费用也会增加。大零售运营推动成本大幅上升，管理难度加大，这也是目前银行业零售转型不彻底的根本原因。

二、零售业务发展面临的新问题

记者：目前几乎所有银行都把零售业务作为自己的战略方向，虽然热情高涨，但不可否认仍旧"步履蹒跚"。除了上面提到的零售业务成本高、投入大、难以坚持外，还有哪些尚待解决的问题需要引起关注？

欧阳韶辉：其一，战略还不够清晰明确。银行大力发展零售业务，战略方向明确之后，还有很多细节要确定，否则就没法落实，最根本的就是要清晰市场定位：要服务哪些客户，用哪些产品，采用什么方式，如何持续跟进和监督。比如，要做零售的高端客户、中间客户，还是广大低端客户，服务高端客户如何尽显尊崇，中间客户最喜欢哪些产品和服务，在对广大低端客户的金融服务过程中如何控制运营成本；该发展哪些类型的零售业务，是资产负债业务齐头并进，还是重点发展资产业务，以资产带动负债业务；是采取电话销售、集团营销还是社区活动等贴身服务；等等。这些都是银行零售业务发展"顶层设计"的内容。目前除招商银行的大零售战略，民生银行的"商贷通"和包商银行的小微金融，个别城商行和农村合作金融机构深耕区域金融市场，取得一定成效，形成一定社会反响外，总体而言，银行业零售业务发展战略还停留在"口号"阶段，不具备可操作性。

其二，资源还没有倾斜到位。首先是人力资本不足，无论数量还是质量都有较大差距。一方面，目前银行业业务发展还是对公业务"一统天下"，客户经理人数也是如此。除台州几家城商行零售客户经理人数大致与对公客户经理相当、招商银行零售客户经理达到对公客户经理人数的30%~50%外，大部分零售业务已经有了一定发展的银行，零售客户经理人数也仅是对公客户经理的1/10左右或是一个零头，有些近千人的银行，零售客户经理也仅数十人，确实是"弱势群体"。另一方面，即便建立了零售客户经理队伍，来源大部分也是柜员转岗、对公客户经理淘汰以及新入职员工暂时过渡，加上培训体系不太完善，总体素质差距较大。其次是软硬件资源欠缺。一方面，零售业务的营销体系、管理体系还不够完善，科技保障、软件支持都有欠缺。另一方面，不少银行业机构中，零售业务还是"边缘"业务，硬件配置也相对不足。最后是费用投入不足。一方面，零售业务范围广、项目多、营销难度大，费用投入相对不足；另一方面，客户经理的收入差距比较大。同样的工作努力程度，最优秀的零售客户经理的收入不及最优秀对公客户经理的一半，普通零售客户经理收入仅相当于普通对公客户经理的70%左右，较低级别的零售客户经理收入与同等级对公客户经理差距则更大。

其三，考核还不够科学细致。首先是考核的项目过多，零售业务要做好，须兼顾的方面确实非常多。从大的层面讲，有产品、创新、服务、客户维护、市场拓展等；业务方面，有财富管理、信托、投资顾问等私人银行服务，投资理财、信贷等，代理、结算等柜面服务；产品也不少，存款、贷款、信用卡、理财、证券、保险、基金、黄金等。有的银行零售业务考核指标近百个，考核指标达 30~50 个的银行也不少，指标少的一般也有十来个，经营单位经常"望指标兴叹"。其次是考核容易"一刀切"，所有指标要求"齐头并进"，这是通病，确实很难解决。再次是考核中对基础工作、基础客户、基础业务重视不够，比较偏重能够产生收益的环节和业务，考核中"近视"现象严重。最后是考核激励过低，一些业务单位激励只有几毛钱、几块钱，容易让人放弃。

三、零售业务加快提速的新策略

记者：对于这些新挑战与新问题，中国银行业应采取哪些新举措加以应对？

欧阳韶辉：第一，明确战略定位。现在表面上大家都重视零售业务，但真正在走"零售银行"之路的却微乎其微，说到底还是战略定位不够清晰。当务之急是沉下心来认真研究自身实际，确定市场定位并坚持执行。只有大家都想清楚到底做哪部分客户，用哪些产品和服务打动这部分客户，采用什么方式来吸引他们的注意并持续维护好客户关系，才能真正做到"错位竞争、和谐共生"。否则，还是什么业务大家都一起做，遇到困难就退缩，碰到挫折就摇摆，长期维持恶性竞争的局面，到头来银行业各机构的路只会越走越"窄"。

第二，完善考核机制。零售业务是基础性业务，需持久投入、长期坚持、精耕细作，我国银行业应进一步加大投入力度，增强软、硬件实力，高度重视基础客户群体的培育，加大对基础工作和业务量的考核力度，引导基层单位通过业务量的积累逐步夯实业务基础、提高创新能力、完善产品体系、提高客户体验，为客户提供超额价值，在客户业绩提高和财富增长的过程中实现银行业自身的业绩增长。相关考核政策还应保持一定的连续性和稳定性，持续引导建立良好的与客户共同成长的客户关系维护文化。

第三，加强团队建设。要在全员营销、联动销售理念的指引下，不断加强零售业务团队建设和营销体系建设。柜台是零售业务的重要阵地，公司是零售客户的重要来源，要充分发挥临柜员工和对公客户经理零售业务联动营销的主观能动性，共同努力促进零售业务增长。要培养一批好的团队带头人或团队领导，用强有力的领导来带动零售业务队伍实现销售目标；要塑造良好的团队文化，不断提高执行力；还要加强业务学习和培训，全面提升业务水平。

第四，提升客户服务。做好零售业务，服务质量是关键；做好服务，口碑最重要。要以客户需求为核心，不断收集和分析客户需求的最新变化，进一步强化创新意识，提高创新能力。加强产品梳理，努力提供与客户需求相适应的新产品，并结合客户需求不断改进。持续完善产品体系，满足客户日益提高的金融需求，不断提升品牌形象。要不断强化服务理念，做到制度设计、流程优化、业务创新等一切业务活动都立足于客户需要，为客户节约时间、为客户降低成本、为客户创造价值，既满足客户实现价值需要，也要关注客户的精神需求，持续提升服务质量。

第五，强化后台支撑。整合资源、优化流程、科学运作，不断提高大零售运营的系统性、科学性和集成能力，提高系统服务水平和科技支撑能力，为客户提供最优体验，切实提高服务的舒适度。

第六，加强风险管理。零售业务的范围广、对象多、社会影响大，加强风险管理和控制尤其重要。零售业务风险防范中更应该加强对业务操作合规性的持续监控，切实防范操作风险，并密切关注随时可能出现的声誉风险。要加大教育和培训力度，强调合规运作，从源头上防范业务风险。还要高度重视舆情监测，主动收集社会信息，努力维护企业品牌形象。更要建立重大事项应急响应机制，制定应急预案并做好演练，遇到紧急事项积极响应处置，化被动为主动，认真做好危机公关。

银行机构改革与业务转型[*]

一、背景

我国银行业经过了十余年的快速发展之后，近年来面临的困难和挑战越来越大，业务转型和创新发展的要求和呼声越来越高。究其原因，主要有以下三点：

（1）国际经济形势不容乐观，美国经济虽已复苏，但欧洲、日本等经济体仍然困难重重，同时发达国家贸易保护主义有所抬头，对我国出口和进口都有较大影响。

（2）我国经济形势比较复杂。一是产业基础还比较薄弱，高科技产业形成气候尚需时日，而且在产业形成和积聚过程中，还将伴随着经济转型经常性的"阵痛"和不间断的"长痛"，银行业必然跟随承受。二是经济增长从以往过热逐步趋于良性，社会保障体系还不健全，普通民众家庭可支配财力有限，消费需求在稳定增长的基础上很难有更大提升。三是财政增收困难较大，维持前几年30%以上的持续高增长难以为继，政府投资能力受到极大限制。政府平台贷款局部违约和由此导致的个别"地方政府破产"的危机必然转嫁银行业。四是房地产行业拉动经济增长的固有模式越来越难以持续，房地产行业发展面临很多因素的影响。五是城镇化过程将

---

* 本文发表于《零售银行》2014年第5期。

比较漫长，我国社会转型的巨大成本、社会矛盾的长期积累，对我国经济发展形成极大的制约，其巨量风险将转嫁给我国银行业。

（3）银行业经营环境发生了显著变化。一是人民币国际化给银行业提供了一个全新的课题，使银行业面临更大考验。二是利率市场化压缩了银行的利润空间，银行将逐步转入微利时代。三是直接融资的发展使得金融脱媒日益成为趋势，对银行业经营模式造成了巨大的冲击。四是金融监管力度加大，由于新资本协议的实施，对理财业务等中间业务加强了监管，加之民营银行的准入等政策的实施，银行业面临的竞争进一步加剧。五是科技不断进步，互联网金融飞速发展，第三方支付公司、财富管理机构及电子商务的迅猛发展快速吞食银行业务。六是国际银行业战略重心转移，有识之士纷纷将目光聚焦中国，我国银行业竞争将日趋白热化，国际先进银行的国际视野、全球人才、世界市场、管理经验给我国银行业机构造成巨大压力。七是企业经营状况不佳，银行业面临信用风险增大的巨大困难。商业银行存款、贷款增长乏力，资产质量出现滑坡，不良资产率持续攀升，公司业务对银行贡献不断降低。零售业务转型还未取得大面积成功，金融市场和投资银行业务发展又面临较大不确定性。银行进一步增收困难加大。八是长期隐性通货膨胀导致人工成本的巨大上涨压力，科技、机具等基础设施投入成本也将不断增大，银行业盈利能力仍将继续降低。九是我国银行业管理还比较粗放，同质化恶性竞争造成社会资源的极大浪费，运营效率、人均产能都较低。

业务转型，组织先行，近期商业银行机构改革进入"高发"阶段，引领新一轮业务转型迈出坚实步伐。

二、近期相关事件

（1）中国农业银行实践。据《中国经营报》2014年3月的报道，中国农业银行（以下简称"农行"）组织架构改革总体方案已经敲定并将于4月调整到位，主要目标是突出特色、运营分离和职能清晰。主要特点：

一是注重平稳推进，此次改革撤并重组了 5 个一级部、8 个二级部，增设了资产管理部、城镇化金融部、小微企业金融部、互联网金融部 4 个一级部，对现有架构冲击不大。二是新设的四个部门突出了业务转型和经营特色。三是撤并了产品研发部，重构了产品研发体制。四是推进运管分离，构建"大运营、大后台"组织架构管理格局。五是提升管理效能，对现有部门进行分类管理。部门职能定位重新划分为直接经营、营销及产品、风险与内控、战略资源管理、运营与保障和公司治理支持六类。六是重新梳理了部门职能。

（2）中国银行实践。据《21 世纪经济报道》2014 年 3 月的消息，中国银行（以下简称"中行"）机构调整方案已在 2 月底获得通过并已开始实施，主要目标是精简机构、合理设置部门、提高工作效率。主要特点：一是动作较大。此次调整将撤销原来的五大总部，直接调整为 36 个一级部门，6 个直属机构。二是强调业务转型。成立网络金融部和渠道管理部，意图加大财富管理与私人银行、网络金融及中小企业金融、海外机构权重。三是突出市场定位，强调了向全球化要市场的发展导向。四是加强风险管控，风险管理部、市场风险管理部、内部控制部、法律与合规部均成为一级部门。

（3）其他银行实践。2013 年以来不少机构都进行了管理升级和机构改革，例如，中国工商银行将出台重大举措；中国建设银行撤销了省分行风险官；交通银行探索了强化总行管理职能，以增设利润中心强化盈利能力的机构改革思路；中国民生银行将风险控制的职能进一步集中于事业部一把手；兴业银行则将风险管理职能嵌入各业务条线，使得授信审批、业务发展进一步专业化和市场化；同时，不少城商行也进行了不同程度的机构改革。

三、机构改革简评

针对近期银行业机构改革相关进程，其中主要是农行和中行相关情况，做一简单评述。

（一）主要成果和可能收获

本轮商业银行自觉进行机构改革，适应了业务转型的潮流，体现了中国新一代银行家们与国际接轨、积极参与国际竞争的胆识和魄力，也凸显了他们努力争取中国金融的国际地位的使命感和责任感，必将取得丰硕成果。

（1）战略意图明确。这一次自发的机构改革潮，是在中国渐进式改革面临突破的历史阶段和互联网时代背景下，中国银行业的集体应对，大多调研广泛、布局严密。机构改革的共同特点是：进一步明确了战略定位，对互联网金融十分关切并及时付诸行动。农行进一步突出"三农"业务。新组建了农村产业与城镇化金融部，专司城镇化金融、农业产业化、农村商贸流通、新型农业经营主体等对公业务和大中型企业的营销管理及产品研发职能；将原"三农"政策规划部改建为"三农"政策与业务创新部，增加了"三农"业务创新职责；撤并"三农"信贷管理部，加强了"三农"信贷政策与城市信贷政策的协调。2013 年成立互联网金融推进工作领导小组，负责互联网金融的统筹规划、模式创新和产品研发等工作。组建网络金融部，暂与电子银行部合署办公，重点推进金融与互联网技术的融合创新。中行强调传统存、贷款业务，代理、结算、投资银行和理财等中间业务，网络金融等创新业务，国际业务"四轮驱动"。尤其着力打通国内外市场两翼，提出"海外的业务国内做，国内的业务海外做"口号，并立志成为"中国企业走出去和外资投资中国的首选银行"。在原创新研发部的基础上成立网络银行业务领导小组及网络银行办公室，取消电子银行部，成立网络金融部（网络金融部以"中银易商"平台为基础，构建开放平台、支付平台、网络商务、大数据四个板块），将原电子银行部的网银、手机业务等整合进新成立的渠道管理部。

（2）管理架构清晰。本轮机构改革，不少银行都较大程度地强化了一线业务部门，前台部门在数量和内部编制上都得到了加强，并且突出了营销职能，同时，对中、后台部门进行了较大力度的整合，重点着力于支持保障能力提升，并且在机构改革中都十分注重部门职能的进一步明确和职责边界的进一步清晰，避免出现盲区并尽可能减少交集。农行农村产业与城镇化金融部、网络金融部、资产管理部、小微企业金融部等新设部门均是当前及将来商业银行业务发展的重点领域。中行在部门数量非常紧张的情况下，一线业务部门增长较多。原个人金融总部之下的个人金融部、财富管理与私人银行部，及原公司金融总部下的中小企业部，上海人民币交易业务总部都成为独立的一级部门。原金融市场总部也拆分为司库、投行与资产管理部、全球市场部、托管业务部、金融机构部等一级部门。

（3）强化市场导向。农行除了进一步强化"三农"业务和互联网金融业务外，在资产管理业务方面也有较大动作，在金融市场部资产管理中心的基础上组建了资产管理部，并整合了投资银行部的理财管理职能，统一承担全行资产管理类业务的营销，全行理财产品研发、定价投资、交易及管理等职能。进一步突出了零售业务的基础性作用，在现有公司业务部下设的小企业金融部的基础上，组建了小微企业金融部，以适应小微企业专业化经营发展要求和外部监管要求。撤并了运营6年的产品研发部，重构全行产品研发体制。中行更加重视零售业务，个人金融部、财富管理与私人银行部、中小企业部成为拓展零售业务的一线部门和重要阵地。同时在公司金融业务方面采取"全球客户经理制"，根据客户需求，各部门参与，将原分散在各业务条线或各部门的产品服务，通过客户关系整合，所有渠道统一对接客户经理。

（4）注重客户体验。农行对接互联网金融的"磐云平台"，推出以"贴心贷""省心付"为基础的系列产品，与中小微企业合作进行互联网金融创新试验。中行自觉将信贷资源向中小企业倾斜，推动网点转型，目的是让网点作为服务中小企业重要触角；产品创新注重用大数据、电子商务等开发更标准化的产品，通过网上自助服务，覆盖更多小微企业客户群。这些贴心服务和贴身举措，赋予了普惠金融更丰富的时代内涵。

（5）着重提高效能。农行针对部门设置过多，机构臃肿，业务流程长，市场反应慢，管理效率低，部门之间互相掣肘，机关化管理和官僚主义现象比较严重的"大企业病",不断强化前台,集约中台和后台,在运营和管理合理分离的基础上,持续完善"大运营、大后台"管理格局。中行在机构改革上强化了"加、减、乘、除"四方面目标,即加强网络、渠道建设的力量;减少管理层级,精简机构;倍增分支行的积极性;消除"大企业病"。总行的部门设置将减少近30%,1/4的员工将分流至分支机构。

(二) 潜在问题

业务转型过程中的机构改革是个系统工程,十分复杂和艰巨,不可能一蹴而就,潜在问题也较多。

(1) 目标精度。机构改革,目标清晰非常重要,执行中很容易出现目标不明确和目标多元的问题。本轮机构改革,农行、中行改革目标都十分明确:强化市场导向、突出业务转型;集约中、后台管理,明确部门职责,裁减冗员,提高效能。但初步看来,农行、中行改革方案均存在"大而全"的问题,强调了金融发展的全方位市场,期待"全面开花、逐个击破",仍然存在"大企业"思维定式下聚焦不够的问题,执行效果很可能会打折扣。在"全能"银行的思维模式下,希望在各个业务领域都做出成绩、做出特色,其心情是可以理解的。而且对每一个业务单元而言,目标也是比较明确的。但全行这么多条线齐头并进,最终的结果肯定不会是全面丰收;相反,面面俱到,往往顾此失彼。

(2) 范围广度。本轮改革突出了投资银行和理财等中间业务,强调了网络金融等创新业务,传统业务的转型也呼声甚高,各行的方案都呈全面出击之势,范围太广,从整体来看,对形势判断的紧迫性认识很足,也正因为形势紧迫,更反衬出冷静自醒、沉着应对的程度稍显不够,从表面上看还有浮躁之气。

(3) 改革力度。本轮改革,农行期望采取渐进式推进方法,有可能积弊难除。中行方案中,部门整合方面,中、后台依然庞杂,效率提升难度较大,机构变化、人员裁减力度较大,磨合成本有可能较高,负面效应不可小觑。

四、机构改革难点

业务转型和机构改革一般都是大型工程，难度普遍较大。我国商业银行传统运行模式比较固化，困难相应更多。

（一）文化制约

长期受农耕文化和中庸思想影响，我国商业银行普遍创新意识比较淡薄，对新兴事物和时代潮流反应比较慢。同时银行业又是比较传统的产业，对风险控制、规范运作要求也比较高，这就进一步制约了大家的创新思维。尽管商业化运作已有时日，但银行业创新文化的形成和创新工作机制的建立差距依然较大。近年来，我国银行业受国际金融和国内经济发展的冲击较大，不少有识之士创新意识和创新能力被大大激发，尤其是新一代银行家们，对国际银行业运行和国内银行业发展趋势把握比较到位，部分机构和人员成长迅速。但商业银行内部机构比较臃肿，人员众多，效率较低，先进理念和技术传播还比较慢，加上僵化思维、守旧行为还很有市场，在银行内部很容易复辟，商业银行建立创新文化难度较大。分支机构受总行文化影响很大，很难形成自己的独特文化，而且总行管理部门的影响也根深蒂固，在新文化形成上分支机构只能是跟随者。

（二）体制制约

我国商业银行体系中大型银行居领导地位，大型银行受中央政府的影响比较大，运行体制中经常能看到政府的"影子"。地方银行受地方政府的影响比较大，股份制银行和地方银行的人员尤其是管理人员不少也来自大型银行，在运行过程中也能比较清晰地看到地方政府和国有银行的"影子"。整体来看，我国银行业运行中依然残留了官僚化、行政化的色彩，保守有余而创新不足，责任不清因而风险控制不到位，市场化程度还不太高。对分支机构的管理更是如此，资源投入不足、授权不够充分、管理要求较高、服务效率较低，分支机构的主观能动性往往激发不够，市场拓展不够充分。

（三）机制制约

在经济金融环境变化较大、银行经营面临的困难日益增多的大背景下，本轮机构改革强化了利润中心的建设，对前台部门赋予了更多期望。同时，由于风险形势比较严峻，多数机构也希望进一步强化中、后台管理控制职能。这种状况与历史上的诸多发展阶段相类似，还没有彻底摆脱"头痛医头，脚痛医脚"的思维方式。多数商业银行对自身业务特色坚持不够，"靠天吃饭"的理念尚未根除，顺经济周期过于强调业务发展而疏于风险防范，而逆周期则片面强调风险防控而限制业务发展。对分支机构的管理导向更是如此，顺经济周期一般要求"大干快上"，各类业务创新容忍度较高，助推了社会经济的非理性膨胀。而逆周期则对分支机构的各类资源尤其是信贷额度控制得非常紧，业务权限过分上收并集中于总行，加之各机构客户结构基本一致，人为地收缩社会资金规模，导致经济过分萧条。

五、机构改革对策

商业银行各有特色，业务转型和机构改革自当一行一策，但总体原则也有共同之处。

（一）市场化

市场化是商业银行发展的共同取向，我国银行业改革开放30年来市场化程度逐步提高，这方面的进步有目共睹，但就目前状况而言，与国际银行业比较我们差距还比较大。我国商业银行市场化方面的差距突出表现在：总行机关运行行政化、官僚化现象还比较严重，一线业务部门授权不够充分，中、后台风险控制部门比较庞杂，业务发展中的责、权、利界定不够清晰，业务发展还比较粗放。本轮改革进一步突出了业务部门等利润中心的作用和地位，但风险控制和支持保障部门总体来看还过于"强大"（虽然有部分商业银行风险控制权力适度下放，但实际执行结果不甚理想，实际执行中"一放就乱，一管就死"的现象比较普遍），这些中、后台管理部门对业务的参与度比较低，与业务相距较远，同时对他们的考核中业务发展指标比重还过低，风险控制的随意性较大，业务发展的波动性较高。尤其是对分支机构，总行对风险控制和支持保障等中、后台管理部门的要求过于烦琐，导致人员占比过高，严重影响了商业银行的运作效率和效能。

（二）适应性

商业银行要想成功，做出特色，有很多不同的选择，但最重要的是要适应自己的发展特点和运作情况。综观本轮机构改革，各家银行都把发展互联网金融、投资银行和理财等中间业务、小微企业业务作为发展方向，总体看都把握住了银行业发展的重点领域，但如果各家银行对各类业务都一样着力，则大家仍然不能形成错位竞争的局面，商业银行的经营特色也无法形成。此外，并不是每一个商业银行都适合发展互联网金融、投资银行、理财业务、小微企业等各项业务。其实对大型银行而言，因为实体网点众多，对客户服务触点很多，没有太大必要发展互联网金融。而对于中、小型银行而言，做投资银行、理财业务和小微企业业务困难更大。一是难度较大，人才、技术、谈判能力都不够；二是经营区域和机构网点等影响面较窄，业务空间受限；三是成本较高，不容易形成规模效应。因此，商业银行的业务转型要选准突破口，不能全面出击。尤其是对分支机构而言，经营管理受总行影响较大，本来资源、能力都有限，如果重点过多，难免顾此失彼，抓不住重点。分支机构要紧紧围绕总行的战略部署，结合当地市场特点和团队特色，把最适合当地的业务和市场比较充分地做深、做细、做到位，打造出比较鲜明的机构特色，形成独特的品牌优势，总行的市场定位和业务特色才有基础，才会更加鲜活。

（三）执行力

执行力是商业机构的共同话题，对商业银行的业务转型和机构改革尤其重要。领导者能下决心进行改革并确定较为周密的方案非常难得，实施中一定要尽可能地把相关决策的初衷落实到位。执行中须关注几个重点：一是要宣传到位，尽可能使各级管理人员和基层员工充分了解业务转型和机构改革的重要性，能够理解改革、支持改革。二是要周密部署，要充分考虑部门、人员、职责变动对业务的影响，充分考虑各层级、各机构的特点及对改革的反应，把方案尽可能细化。三是要稳妥推进，要分步骤、有重点地积极推进改革举措，务求改革进程顺利。四是要注重应急和反馈，重大情况及时反馈、认真研究、妥善解决，尤其是要制订人力替换预案，防范重要岗位人员流失带来的风险。五是分阶段总结，及时评估，适时纠偏。分支机构要结合自身特色，制订出适合自己的实施方案，要在充分彰显地方特色的基础上，切实把总行业务转型和机构改革的意图贯彻落实到位。要统筹兼顾、稳步推进、全面落实，要实现业务发展、风险可控、资源节约、效率提升，并且确保人心不散、业务不断、队伍不乱。业务转型和机构改革，很难做到全面进步，只有按照既定方针努力推进，严格执行，才能获得更多收获，毕竟能取得一两个方面的进步和突破已是非常大的成绩。

互联网金融发展展望[*]

一、互联网金融的本质

(一) 什么是互联网

互联网（Internet）是按照一定的通信协议组成的国际计算机网络，始于1969年的美国。其构成要素有三点：一是地域无限，即全球网络；二是有址互联，即每台主机都需有特定"地址"；三是共同规则，即须遵守共同的通信协议。由于互联网具有"开放、平等、协作、分享"的精髓和特质，经过40余年的发展，技术日益成熟、用户日益众多、信息日益多元、用途日益广泛，互联网已经成为人们生活、娱乐的重要组成部分，成为大家获取信息的最重要渠道。随着科技进步和日常生活智能化程度的不断提高，越来越多的现代人对互联网成迷、上瘾、成痴，互联网正以越来越快的速度渗透并改变人类的生活，日益成为影响社会形态和世界运转的重要力量。截至2013年12月，中国网民数量已达6.18亿，手机网民规模达5亿（中国互联网络信息中心CNNIC第33次全国互联网行业发展统计报告，2014年1月）。

---

[*] 本文成文于2014年3月20日。

（二）什么是互联网金融

互联网起源于美国，最早与金融结缘也是在美国等发达国家。发达国家学者在信息技术对经济金融发展的实证研究及具体运作方式等方面做出过很多卓有成效的工作，也提出过很多具有建设性的意见①。近年来，互联网金融也成为中国经济金融界的一个"热"词。马云（2013）认为，未来的金融有两大机会，一个是金融互联网，金融行业走向互联网；另一个是互联网金融，纯粹的外行领导，由那些外行的人进来搅局，进行变革。谢平（2013）认为，现在金融有两种模式，一种是银行模式，典型就是工商银行存款贷款支付，另一种是资本市场模式，就是直接融资。互联网金融可能跟这两种模式并列，是第三种模式。"传统金融是渠道为王，产品驱动；金融互联网首先从金融开始，然后到服务，到市场，是改良式；互联网金融是从体验和服务开始，从产业和市场再到金融，从逻辑上是反过来的，是颠覆式的。"（马明哲，2014）。还有人认为："中国的银行在运用信息网络技术提供金融服务、实施内部管理方面没有落伍而且正在继续前行，互联网企业介入金融业务很少能脱离银行的基础服务而自行处理。"（《关于互联网金融的几点看法》，杨凯生，2013）。"互联网金融是传统金融行业与互联网精神相结合的新兴领域，理论上任何涉及广义金融的互联网应用，都是互联网金融。"（《互联网金融》，罗明雄、唐颖、刘勇，2013）。上述论述都是对互联网金融的深刻理解。笔者比较认同最后的观点，笔者认为：传统金融是金融发展的初级阶段，金融互联网化是金融发展的中级阶段，互联网金融是科技发展和社会进步后的必然选择，是金融发展理念创新和技术创新的必然结果，是金融发展的高级阶段。互联网金融，核心是金融，互联网是载体和平台，数据的集成、挖掘和精准高效利用是关键，并将形成独特的运营体系，遵循独特的运行规律，带动传统金融服务飞跃发展。

---

① Information Technology and the U. S. Economy, Dale W. Jorgenson, The American Economic Review, March, 2001

(三) 为什么会出现互联网金融

（1）互联网金融的出现是历史的必然。随着科技的进步，当今世界进入了互联网时代，金融发展也不例外，必须跟上科技发展的步伐，应用最新科技成果提高运行效率、提升服务质量，互联网金融的萌芽、发展和逐步成熟，以至于将来被更高形态的科技平台和技术所淘汰及取代都毫无悬念。

（2）传统金融服务要因时而变。传统金融服务存在诸多不尽如人意之处，这也是互联网金融声势浩大的重要原因，尤其是在金融服务意识和能力还不太强的中国，形势更为严峻。互联网技术的飞速发展，其成果必然要应用于传统金融领域，并引领我国金融发展迈向新一轮的服务意识、效率、质量和能力快速提升期。

（3）金融业态将发生巨大变化。互联网开放、交互等直接交换信息的特性，决定了互联网金融的运行方式将发生根本性变革。经济金融信息更加公开透明，业界长期呼吁的"加大直接融资力度，扩大直接融资在社会融资总量中的比例"等目标出现了快速实现的可能；公众对金融服务的要求更高，而银行业提供特色服务、低成本服务的能力也更强；互联网时代金融业渠道、平台等媒介能力和顾问水平有可能大大提升，社会公众的金融需求将大幅增加，金融业在激烈竞争背景下也有了更大的生存空间。

二、互联网金融的国际经验

(一) 富国银行（Wells Fargo）——互联网金融的先驱

Henry Wells 和 William Fargo 于 1852 年在美国纽约创立了富国银行，经过 160 多年的发展，富国银行已成为全球市值最大的全能银行。截至 2013 年 9 月 30 日，其资产总额达 1.5 万亿美元，员工人数超过 27 万，客户数量达到 7000 万，分支机构（Store）超过 9000 家，ATM 数量超过 12000 个，市值达 2190 亿美元①。富国银行以客户为导向，立足于满足客户需求，以客户为中心建立服务体系和评价标准；十分重视渠道建设，其柜台、电话银行、自助机具、网络银行等业务平台都比较完备，并且在美国居领先地位；早在十几年前，富国银行就成立了专门进行数据挖掘的业务部门，对每个客户的业务数据，如信用卡、支票消费和购货流水等账户变动情况进行深入分析，了解客户消费习惯、生产经营状况等潜在需求，并据此提供精准营销指导，改造产品、业务流程或服务方式，在为客户提供满意服务、创造最大价值的同时为银行赢得超额收益；打破部门壁垒，提倡交叉销售，目前其公司客户平均使用 5.3 个金融产品，个人客户平均使用 4.6 个金融产品，客户的忠诚度大大提高。这些都是互联网金融的核心要义、关键要素和重要环节。因此，从这个意义上讲，富国银行是互联网金融的先驱，是银行集团互联网金融平台的典型代表。

（二）Kiva——具文化内涵的直接融资平台

前 Tivo 程序员 Matt Flannery 在一次去乌干达、坦桑尼亚和肯尼亚拍摄农村创业事迹的活动中，萌发了创办一家为减轻贫困，让有爱心的人通过互联网平台借钱给世界各地（尤其是非洲）创业者的平台的创意。2005 年10 月，他和妻子 Jessica 在美国创办了世界上第一个提供在线小客户贷款服务的非营利组织（Non-profit Organization）Kiva。Kiva 的运作模式：通过世界各地的小额贷款公司发现贷款申请人，将其个人和项目信息公布在网站上；放款人自行选择放款对象及金额（不低于 25 美元），并将资金转入Kiva；Kiva 把资金以免息或较低利息提供给小额贷款机构（Microfinance Institutions，MFIs）；小额贷款机构将资金借给需要的人。Kiva 坚持"贷款改变生活"（Loans that changes lives）这一有尊严的慈善理念，为许多穷人和有需要的人改变了生存之道。因部分电子支付运营商提供免费服务，加上部分放款人的捐助，运营成本很低。8 年来，Kiva 为有需要的人筹集资

---

① Wells Fargo Today, Quarterly Fact Sheet, 3rd Quarter 2013, http：//www.wellsfargo.com.

金超过 5.2 亿美元，用户已达 157.6 万，为超过 104.3 万人筹得资金，为超过 122.5 万人提供放款机会，资助项目超过 66 万个，与 73 个国家的 238 个机构合作，贷款回收率达 99.01%，平均贷款金额 413.83 美元，单个项目资助者平均为 10.21 人。其一周业务量：筹得资金 346 万美元，每 5 秒成交一笔业务，38158 人放款，4247 个新借款人加入，发放 934 张 Kiva 卡，6739 人获得资金，贷款回收率达 99.00%（截至 2014 年 1 月 26 日，www.kiva.org）。Kiva 的运作模式是直接融资平台（P2P 平台，Peer-to-Peer 或 Person-to-Person）的典型代表，英国的 Zopa、美国的 Lending Club 等直接融资平台所倡导的人人贷运作模式或众筹等运作模式与此大同小异。

三、互联网金融的中国发展

得益于中国改革开放以来经济的飞速发展，自明清数百年以来，中国经济社会的发展从来没有像当今互联网时代一样如此接近世界潮流，中国互联网金融的发展探索在时间上也居世界前列。

2006 年唐宁在北京创立的宜信（CreditEase）是一家集财富管理、信用风险评估与管理、信用数据整合服务、小额贷款行业投资、小微借款咨询服务与交易促成、公益理财助农平台服务于一体的综合性现代金融服务企业。因其商业模式和业务数据，2011 年，获 IDG 资本和摩根士丹利亚洲投资基金（MSPEA）联合 KPCB（已于 2010 年 4 月战略投资）注资数千万美元。但其大尺度创新、类银行式发展也令人忧虑（www.creditease.cn）。

2007 年 6 月，上海交通大学的 4 位精英张俊（CEO）、顾少丰（CTO）、胡宏辉（CMO）和李铁铮（CRO）创办了拍拍贷，秉承"让天下没有难借的钱""协力中国信用体系的建设，发现中国人的信用价值"的理念，塑造"以公益的心态，去实现改变中国，造福人民，创造社会价值的梦想；坚持技术创新的方式，以符合自然规律的方式发展，并集中精力把技术创新做到极致；保持耐心，让时间成为我们的武器和朋友，以长远的眼光看待我们的事业"的灵魂，愿拍拍贷"简单，快速，借得到"，稳步前行（www. ppdai. com）。

2007 年 8 月成立于上海的齐放（Qifang），创始人祖籍广东，从小在美国长大的陈国权和他的几个朋友用慈善、产品和市场"三条腿的凳子"撑起了这个平台，挟善念襄盛举，为西南地区数千学子提供了求学期间的资金帮助，并因此获得了 2009 达沃斯世界经济论坛授予的"科技先锋"称号。今天，看着那一封比较严谨和比较通顺的夹杂着英文和汉语的无标题信件，看着左上用那孤独的白色小花及其外部背景，右上"Never，Ever，Ever give up"（永不放弃）的誓言，让人百感交集（www. qifang. com）。

此外，多家银行的电子商务平台，如 2009 年初周世平夫妇于深圳创立的红岭创投，2010 年 5 月清华大学张适时和北京大学李欣贺、杨一夫在北京创办的人人贷，2010 年成立的阿里小贷，等等，许多机构和有识之士都对互联网金融做出了很多有益的探索，并取得了丰硕的成果，有的也收获了不少"教训"。

四、互联网金融的优势

互联网金融的核心是金融产品和金融业务，本质上与传统金融完全一致，其最大竞争力是基于互联网科技和应用的信息全面搜集、深度挖掘、精细加工、多维整合、创新分析、标准服务、精准营销、实时响应、快速反馈、及时总结和整改提高，其经营管理的系统化、标准化、规范化、精细化水平和集成能力较传统金融都有极大提升。

（一）以客户为中心，增大了选择权，服务更加贴心

互联网金融一切以客户为中心，从客户的需求出发，进行产品设计、创新、功能完善和升级，构建基于客户体验的产品、服务、营销、风险控制和后勤保障等全方位经营体系。强调为客户量身定制，推崇的全新理念

是"你想要什么，我就生产什么，向你卖什么"，而不是"我有什么就卖什么，你才能买什么"。将给客户带来极大的满足感，最大限度地为客户创造价值，使客户"黏度"有所增强从而创造并实现互联网金融企业自身的价值。

（二）信息实时交互，扩大了知情权，服务效能更佳

"自媒体"时代社会信息的形成途径和传播方式发生了颠覆式的变革，"开放、平等、协作、分享"的理念深入人心，互联网金融以互联网科技平台为运营载体，必将遵循独特的运行规律。从客户体验出发构建服务标准、形成服务体系、推动服务晋级，为满足社会公众不断提高的金融服务需求，持续加大资源投入、加强队伍建设、提高响应能力、强调信息共享、优化投诉处理、加强应急管理，服务意识、能力、效率和质量必将大大提升。

（三）数据挖掘深入，运营灵活便捷，营销精准到位

互联网金融的最大创新和进步在于"互联网化"，即数据（信息）创造价值。在理念和思维跟上互联网时代后，无论采取哪种模式，互联网金融企业的运营核心就是对海量数据的深度挖掘、高效整合和灵活运用，并以此创造超额价值。首先是数据第一。无论建网点、开论坛、搞活动，尽可能搜集客户全方位信息是互联网金融企业的核心工作，"数据"成为它们最重要的客户和基础，而不再是单纯意义上的传统"客户"。其次是对数据的深加工。深入分析数据信息背后的行为习惯和潜在需求，并根据分析结果精确"制导"，进行精准营销。最后是总结提高。按照营销反馈分析"战果"，总结经验"打响战役"，或是吸取教训提高能力。在互联网时代，运营的最高境界就是：金融服务永远就在你身边（任何需求都有电话、邮件、微信或专属人士等提前征询意见，并已经有了基于长期生活和消费习惯的"贴心"方案选择）。

五、互联网金融的劣势

（一）人才队伍建设

懂互联网技术的人才不少，懂金融的人才也不少，但互联网技术是"创新的艺术"，而金融业务是"沉闷的技术"，它们之间的交集非常少。愿意搞金融的互联网人才不易静下心来，而期望搞互联网的金融人才创新能力也有可能不强，互补十分重要。互联网金融人才有，通才不多，将才、帅才很少，人才队伍建设欠账太多、挑战巨大，但只是时间问题，形势比较乐观。

（二）运营管理水平

互联网金融需要全新的思维，先进的理念，运营平台技术复杂、因素众多、实时交互，要求非常高，管理难度很大。发达国家因对商业模式等专利保护较严格，企业家社会责任和道德感较强，互联网金融相关企业发展比较稳健。中国互联网金融蓬勃发展，但由于现代企业制度存在一定程度缺失，企业家群体还不太成熟，风险控制意识还比较淡薄，监管也比较滞后，运营管理十分粗放，竞争比较"血腥"，生存十分不易。

（三）风险控制能力

互联网是高速发展的行业，颠覆式创新是生存的基础和常态，而金融行业是关系"国计民生"的稳健发展行业，两个行业的风险控制都十分重要，但相关规律截然不同。能够搞懂两个行业的人才不多，既能发展好互联网金融，又能搞好风险控制的则更加稀缺。而搞好风险控制无疑是互联网金融企业走得远、活得长的先决条件。

六、特色和创新引领互联网金融的未来

前途是光明的，道路也不曲折，互联网金融一定会有美好的明天。知

易行难，须做好的事情必然很多，挑战肯定艰巨，尤其是对于中国互联网金融企业而言。

（一）传统金融与互联网金融的融合发展

（1）传统金融要培育"互联网思维"。当今时代的一个最显著特征就是信息的高度透明和实时传播（也称"零时滞"），传统金融应当顺应时代潮流，建立起适应互联网时代的运营方式和盈利模式。传统银行本身不缺数据和信息，相反它们还是海量数据和信息的集散地，但基于已有数据信息的深度挖掘和高效利用则欠缺较多。当前银行业界应当以客户需求为中心，重新梳理产品设计、营销方式、业务流程、运营架构、风险控制和服务体系，充分利用现有数据信息，结合客户尤其是青年的消费习惯、服务需求和产品偏好，建立起适应互联网时代的业务运营模式，努力提升管理能力和服务的精细化水平，为传统金融服务引入具有互联网时代特色的生机和活力。

（2）互联网金融要能够对接客户需求。虽然弥补传统金融的业务机会还比较多，业务空间也十分巨大，但互联网金融在夹缝中求生存，要在竞争已经比较激烈的金融市场上生存和发展难度也不小。金融是十分传统的行业，风险控制和稳健发展十分重要，这些要素与"互联网思维"有一定冲突，但对互联网金融提出了现实要求：那就是要能真正解决客户的实际需求，为客户创造价值。而客户的积累在互联网时代又有新的规律，也要求金融企业在吸引眼球、精准营销、量身定做方面形成独特的营销体系，努力提升客户体验。因此，互联网金融发展要做好虚实结合的课题，实是基础、是核心，虚是载体、是手段。

（3）传统金融与互联网金融应取长补短，融合发展。

（二）明确战略目标，强化特色发展

（1）有愿景。金融服务永无止境，目前可以做的事情确实非常多，但企业生存发展，做好一件事情或者最多做好一类事情就非常了不起了。互

联网金融企业的发展，要能帮助一批人，讲好一个"故事"，要做到这一点就要求有一个比较明确的目标和愿景，并且围绕这个目标做好短期、中期和长期的发展规划，同时要求企业的整个团队集中力量来实现这个愿景。实现愿景成为企业的中心工作，组织建设、资源投入、风险控制和全面运营就有了明确的目的，不然很容易进入"从众"的盲目境地。

（2）有特色。有了明确的战略目标和企业愿景，企业的职能部门就会进行工作细化，努力执行。选定目标客户（或是客户群），帮助解决这些客户某个或某类问题，实现某个理想，市场细分的概念就会明确。针对目标客户深入调查研究，了解其行为习惯和经济周期，并据以打造产品体系、营销模式和服务方式，逐步形成企业品牌和经营特色。

（3）能坚持。确定战略目标要慎之又慎，因为这关乎企业的方向。一般在企业成立之初找准方向是相对容易的，也不太容易犯错。一旦企业确定了战略目标，制定了明确的实施方案，企业就要坚定执行，不宜过分摇摆，坚持是成功的重要因素。修订目标固然重要，但勇往直前、冲破重重迷雾到达胜利的彼岸则更加难得。

（三）加强科技引领，提升创新能力

在互联网时代，开拓创新更是企业的核心竞争力，尤其是对互联网金融企业而言，开拓创新是重要生命线。加强硬件和软件投入，打造信息技术高地，有条件的要引领时代潮流，至少得跟得上时代潮流。要时刻关注行业变化、技术发展和时代进步，用好海量数据，提升信息收集能力、挖掘能力和分析能力，提升产品的适应性和附加值，提升服务质量和效率，打造精准营销核心竞争力，努力提高销售成功率。

互联网金融是时代赋予的重大机遇，愿广大有志之士把握好这一历史机遇，推动金融服务和发展水平不断提升。

中国人工智能发展的金融支撑①

一、人工智能的金融应用

人工智能和金融业一样，都是技术、资金和信息密集型的行业，它们之间的契合点非常多，能相互促进发展。

一是从服务平台和运营层面看，目前各种移动应用平台、手机智能系统、无人网点等智能服务体系建设日益完善并不断强化，金融服务的可扩展性大大加强。

二是从获客渠道或营销方式看，多场景拓展、客户关系管理系统、智能投顾等基于客户行为分析的精准营销模型构建市场越来越大。

三是从投资决策层面看，多种智能化投资决策系统、结合各种特定场景的快速批贷系统、量化交易系统、保险定价系统等各种辅助快速投资决策的应用场景越来越普遍，这类型的应用市场也比较大。

四是从客户服务和投诉处理层面看，智能客服的应用极大提高了客户服务和投诉处理的规范性和标准化程度，但也经常让客户体验打了一定的折扣。

五是从风险控制层面看，合规知识库、智能风控、智能门监、反欺诈、反洗钱等工作智能化程度的提升为风险控制提供了有力的支撑。建议

---

① 本文是 2018 年 6 月 30 日笔者在《中国新经济白皮书 2018》发布会人工智能分论坛上的发言提纲。

大家重视征信的应用、消费者信息安全和适度销售。

从总体上看，人工智能有效辅助金融业发展，有些变革还具有深远的里程碑意义。但深层次看，在充分发挥人工智能的思维高度、技术难度、数据挖掘深度之余，我们似乎更应该着眼于提升对人的情感回馈，不要忽视人文的温度。

二、新经济，新金融

一是借助创业者自身信用的金融服务可获得性较高，但金额较小，也对创始人和企业公司治理不利。

二是天使投资人为种子期人工智能企业的发展插上了翅膀。

三是风险投资和股权投资机构为人工智能企业的发展提供了良好助力。

四是资本市场为人工智能企业的腾飞提供了可能。

传统金融对规模化、大营收、正利润的人工智能企业能够提供一些服务支撑，但对其他类型企业则较难高效地提供满意的支持方案。现阶段，估值的泡沫化和流动性紧缺共存，项目融资的难度可能会加大。在逆周期环境下，面临人工智能产业的稳定发展，金融创新越发重要。

三、大力推动金融创新，促进人工智能发展

一是高技术壁垒为项目融资增添了难度，团队建设非常重要。二是产业引导和扶持等投资基金对新经济发展十分重要。三是搞好顶层设计，完善产权交易所产品设计，使高新技术项目从非标准化项目转化为标准化项目成为可能。四是呼吁全社会高度重视对科技和研发的投入，为金融创新提供强有力的支撑。

八

金融监管

当代金融监管国际化的新特点及对我国的启示[*]

一、当代金融监管国际化的新特点

随着世界经济一体化的发展，金融的全球化趋势越来越明显，金融监管逐步走向国际化。随着国际经济交流与合作的不断加强，国际上金融监管的交流与合作日益增多，金融监管国际化出现了以下新的特点：

（1）金融监管的重点和内容趋同。在 1950 年以前，金融国际化程度不高的时候，各国金融监管的重点主要在金融业市场准入和业务经营的合规性上。随着金融业日益国际化，尤其是世界性的金融危机不断爆发，金融危机给整个社会经济带来的危害越来越大，国际金融监管的重点越来越统一到对金融业的风险性监管上来，其中金融业的公司治理和自身的内部控制成了当今国际金融监管的重中之重。相应地，国际金融监管的内容也由金融业的市场准入和业务经营的合规性逐步扩展到市场准入、内部控制、流动性、资产质量、资本充足性、盈利能力和市场退出。尤其加强了对内部控制的监管，普遍要求各金融机构做到以下三点：一是内部控制制度的健全性、合规性和可操作性，内部控制制度应覆盖所有可经营业务的关键风险点，业务流程明晰，有效控制所有风险环节。二是执行体系的相互制约，职能机构设置要遵循责任明确清晰、权利相互制衡的原则，任何重大事项均应由两个或以上部门合作完成。三是监督体系的独立有效，要

---

[*] 本文于 2003 年 4 月发表于《银行与经济》第 2 期。

保持监督部门的相对独立性，使其有效运转。在金融监管的重点和内容方面，美国的发展往往成为同一时代的主导。经过二十多年的金融改革开放，在这一方面我国尽管还有相当差距，但已基本赶上国际社会的发展水平。

（2）金融监管的整体时滞。时代在发展，科技在进步，人们对金融产品和金融业务创新的需求越来越大。相应地，国际金融业的金融创新也越来越快，要求的技术也越来越高，与之相伴生的金融风险也越来越大，对国际金融监管技术、手段和水平的要求也越来越高。但在每一个金融产品和每一项金融创新产生之初，社会对其发展前景和潜在风险的认识总是有限的，这就使得金融监管在国际上存在着总体的时滞。客观上要求各金融监管机构（主要是各国中央银行）加强对新业务的研究，提高把握金融新业务的能力。

（3）金融监管水平的国际比较。从国际上看，金融监管水平的发展存在两方面趋势：一方面是各国金融监管水平都有所提高，这是国际金融业发展的必然趋势；另一方面是金融监管水平的国别差距比较大。理由有二：一是从金融监管主体上看，各国金融监管机构的监管人员在知识程度、业务经历、科技水平、监管手段、监管技能以及敬业程度上的差距比较大；二是从金融监管客体上看，各国金融机构在业务的广度，业务的深度，业务创新的水平、层次和程度上的差距也比较大。金融监管水平的国别差距大也可以从发达国家的金融体系相对稳固，发展中国家的金融体系普遍比较脆弱这一比较中体现出来。

（4）监管原则的国际化。随着国际金融监管重点和内容的趋同，各国金融监管原则逐步走向国际化。巴塞尔银行监管委员会制定的有效银行监管核心原则顺应了这一需要并逐步为各国所接受，成为国际金融监管的一般性原则。有效银行监管核心原则共二十五条，对银行业的市场准入、银行监管的内容、银行监管的手段和跨国银行监管做了一般规定，内容比较全面，体现了监管原则国际化的趋势。

（5）金融监管的国际合作。随着国际经济交流与合作的不断加强，尤其是跨国金融机构的出现和不断壮大，金融监管的国际合作正成为一种新的潮流，区域金融监管合作的现象更为普遍。国际金融监管合作的产物——"巴塞尔委员会对银行资本标准和资产风险权重标准的协议"（又称"巴塞尔协议"）以及"新资本协议"已越来越多地被各国金融监管机构所采用。特别是发生国际性经济和金融危机时，在国际援助、债务重整、机构重组等领域，国际金融监管合作发挥了较大作用。但国际金融监管合作也面临各国国情不同、各国金融监管基础不一致和片面强调区域合作等问题。

（6）金融监管中的有效监管和持续监管。巴塞尔银行监管委员会制定的有效银行监管核心原则也对银行运行的基础、银行监管者对银行经营的监测、银行的信息披露等做了基本要求，体现了有效监管的趋势。以往的合规性监管往往忽视了对银行总体风险的防范，长期来说效果不太理想。目前国际金融监管实践中普遍对资本的充足性、资产质量、流动性，尤其是内部控制状况更为关注，注重风险防范和审慎稳健经营，持续监管观念逐步深入人心。

（7）金融监管技术和监管手段的国际化。随着世界范围内信息交流的加快，金融监管技术和监管手段日益国际化。目前发达资本主义国家（主要是美国）较为先进的技术和手段成为其他各国纷纷跟从的目标，提高金融监管机构的独立性、重视风险防范和内部控制、有效监管和持续监管、现场监管和非现场监管相结合等逐步成为国际金融监管的潮流。

（8）金融监管人才的国际化。金融监管国际化对人才的要求越来越高，金融监管人才趋于国际化。体现在以下两个方面：一是从事金融监管地域的国际化。随着跨国银行的增多，金融监管人员的活动地域扩大了。二是在对其业务素质要求上，外语、计算机和基本金融业务是从事国际金融监管的一般要求。而外汇买卖等投机业务、衍生金融工具等易于引发国际性金融风险的业务及其风险防范对国际金融监管人才提出了进一步的要求。

二、当代金融监管国际化存在的问题

（1）各国金融监管与国家利益。随着社会的进步和时代的发展，金融在单个国家社会经济生活中的地位越来越重要，国际金融在世界经济生活中的地位也越来越突出，各国金融监管和国际金融监管在世界经济生活中的地位也日益凸显出来。各国金融监管状况大多体现了各国的国情和各国社会经济的发展状况，体现了各国的经济实力和综合国力，各国金融监管的水平与其在世界经济生活中的国家利益息息相关。例如，美国常常以他国经济（金融）国际化程度较低为名对他国进行经济控制，金融监管国际化日益成为美国控制他国的有力手段，国际金融监管有逐步政治化的趋势。

（2）各国在国际金融监管中地位差异问题。①国家发达程度不同，在国际金融监管中地位不同。一般来讲，发达程度高的国家其金融业发达程度较高，相应地，该国金融监管水平也较高。各国因发达程度不同，金融监管水平的差异决定了各国在国际金融监管中的地位也不一样，欧美等经济比较发达的国家如美国在国际金融监管中就占据主导地位。②各国因国情不同，在国际金融监管中地位不同。各国因经济发达程度不同，社会经济环境不同，金融运行状况不同，金融监管的重点、技术手段和发展水平都有很大差异，这就决定了各国在国际金融监管中所处地位有一定差异。

（3）监管水平的差异问题。各国因国情和经济实力不同，监管水平存在较大差异。一方面，由于社会制度、经济实力和激励机制等原因，各国金融监管机构的监管人员在知识程度、业务经历、科技水平、监管手段、监管技能以及敬业程度上的差距较大。另一方面，由于社会经济（金融）发展程度不同，各国金融机构在业务的广度，业务的深度，业务创新的水平、层次和程度上的差距也较大。

（4）国际合作问题。金融监管的国际合作日益成为世界经济生活中的时代潮流，各国在金融监管的国际合作中应注意以下两个问题：一是要注意国际金融监管合作中的政治化倾向，尤其是经济欠发达国家应防止在国际金融监管合作中受经济发达国家的政治和经济钳制，保证国家利益免受侵害。二是各国要结合本国国情，一切从本国金融发展状况、本国居民和机构的承受能力等实际出发，确定好与国际社会进行国际金融监管合作的步骤、广度和深度。

（5）信息共享问题。当代金融监管国际化过程中还存在信息共享的问题。只有做到了信息共享，才能更好地促进和推动国际金融监管合作。国际金融监管合作中的信息共享包括国别经济金融发展状况评估（价），国别国际金融合作发展方向、意愿及趋势等，国别经济金融信息共享，国际金融监管信息交流与研讨，"反诈骗、反洗钱"信息的国际通报等多方面的内容。

三、当代金融监管国际化对我国的启示

以上论述表明，当代金融监管国际化与各国国家利益息息相关，经济开放程度与金融监管水平的发展高度相关。经济越开放，金融越发达，金融监管的国际化水平越高，金融监管技术和手段越先进，金融监管就越有效；"封闭就会落后，落后就要挨打"。各国在国际金融监管中一定要从本国实际出发，紧密结合本国实际，参照国际先进经验，有计划、有步骤地开展适合本国国情的金融监管工作，并尽可能快地提高本国金融监管水平，融入国际金融监管的体系中来。当代金融监管国际化对我国金融监管有以下启示：

（1）创造良好的金融监管发展环境，提高金融监管在社会经济金融发展中的地位。第一，要完善社会主义法律体系，健全社会主义法制，尽快将我国建设成为社会主义的法治国家。第二，要理顺商业银行的产权关系，让其真正成为"自负盈亏、自担风险、自我约束、自我发展"的商业银行，确保其经济行为的完全市场化。第三，大力发展金融市场，努力建立和健全证券市场、票据市场等。第四，要加强金融执法和处罚力度，充分发挥金融监管的作用。

（2）我国金融监管应加强国际合作。几百年"闭关锁国、落后挨打"屈辱的历史告诉我们：再不能夜郎自大了。社会在发展，时代在进步，我国一定要坚持改革开放，将经济搞上去。金融监管也一样要坚持改革开放，加强国际合作，借鉴国际先进的监管经验和技术手段为我国金融发展

服务。

（3）我国金融监管应加强国际信息共享。信息共享包括两方面：一方面是我国享有从国际金融监管合作机构（或部门）获取有关国际金融监管信息的权利，另一方面是我国也应当有向国际金融监管合作机构（或部门）提供我国金融监管信息的义务，二者缺一不可。因此，我国金融监管机关在国际金融监管合作中应当做好两方面的工作：一是尽可能完整、全面、准确而及时地从国际金融监管合作各方获取金融监管信息，二是尽可能完整、全面、准确而及时地向国际金融监管合作各方提供我国有关金融监管信息。

（4）我国金融监管应致力于提高监管技术水平。经过几十年的改革开放，我国经济金融获得了较大的发展，金融监管的重点和内容已逐步与国际社会接轨。我国金融监管下一阶段的任务应当是：学习和借鉴国际社会先进的金融监管经验和手段，努力提高我国金融监管的技术水平。

（5）我国金融监管应加强对金融监管人才的培养。加强国际合作，提高我国金融监管的技术水平，应当人才先行。现阶段我国金融监管人才状况有"一少一多"的特点：一少是高学历、高素质，知识更新快，熟悉全面金融业务，既能从事现场监管又能从事非现场监管的监管人员少；一多是低学历、低素质，知识更新落后，不太熟悉甚至不懂全面金融业务，现场监管和非现场监管能力较差的监管人员多。要提高金融监管在经济生活中的地位，就要彻底改变这种状况。

总体而言，我国经济社会法制化程度较低，社会经济运行过程中经济细胞——企业的产权制度比较混乱、产权不明晰，金融业不良贷款高企、潜在风险较大。现阶段我国金融监管人员较少、素质较低，金融监管技术落后、水平较低，尤其是目前我国金融监管地位未能真正得到提高，在金融业潜在风险较大的情况下更显得压力比较大。因此，我国金融监管应结合中国国情，走有中国特色的道路，多管齐下，提高我国在国际金融监管中的地位。同时应加强国际金融监管合作，尽可能快地提高我国金融监管水平，及早融入国际金融监管的体系中来。变被动为主动，迎接我国加入

WTO 后更激烈的国际金融竞争。

四、政策建议

（1）充实金融监督管理人员，加大金融监督管理力度。以中国香港金融管理局为例，全部员工中从事金融监督管理的人员占 1/3 强，而中国人民银行从事金融监督管理的人员不到全部员工的 15%，这部分监管人员中熟悉全面金融业务，既能从事现场监管又能从事非现场监管的人员就更少了。因此，中国人民银行应当切实加强机构调整，优化人员配置，充实金融监督管理一线人员，加大金融监督管理力度。

（2）提高金融监督管理人员素质，加强金融监督管理。①吸引一批高素质的金融监督管理人员，充实金融监督管理队伍。②加强业务培训，努力提高现有金融监督管理人员的素质。定期和不定期地开展多种形式的业务培训，及时更新我国金融监督管理人员知识，与国际社会广泛交流。③适当更换或淘汰少部分不称职的金融监督管理人员。

（3）大力推行金融监督管理体制改革。借鉴金融发达国家经验，在中央银行增大金融监管的独立性，或是将金融监管从中央银行分离出来，成立专门机构行使这两方面职能。①短期内可试行在中国人民银行范围内合并监督管理职能部门，初步建立"大监管"的格局，实行市场准入、经营管理、市场退出等全面业务的"一条龙"监督管理，增强中央银行监督管理的独立性。②长期可设立金融监督管理局，按照混业经营的国际趋势，将银行、证券、保险等金融业务统一由金融监督管理局归口管理。金融监督管理业务过程中可以减少重复检查，降低金融监督管理成本。③改革是一项长期的、艰巨复杂的系统工程，不能一蹴而就，要先试点，再总结，稳妥推行，务求必胜。

加强现场检查　推动监管水平上新台阶[*]

深圳银监局在新的监管理念指导下，以建设一流银监局为目标，不断加强现场检查工作，以现场检查推动监管创新，不断完善监管服务，形成了现场检查与监管服务良性互动的局面，推动深圳银监局提高监管水平，促进银行业金融机构的健康发展。

一、加强现场检查的具体做法

（一）认真进行现场检查，提高检查报告质量

深圳银监局领导十分重视现场检查，要求现场检查深入细致、严格认真、查出问题、体现水平，不能走过场。检查报告要言之有物，体现出高质量、高水平。根据银监会的统一部署，结合深圳实际情况，深圳银监局2004年进行的现场检查包括：国有银行25次，股份制银行27次，政策性银行7次，外资银行8次，非银行金融机构19次，合计86次，投入的工作量达8500人／日。

以前的现场检查多是为了完成任务、向上级交差，所以检查人员无心全面彻底地搞清楚被查单位的各种情况与问题，结果容易形成所谓"运动式"监管。现在深圳银监局要求监管人员要成为监管工作的第一责任人，

＊　本文成于2004年12月，作者为熊涛、潘文波、欧阳韶辉，后收录于《银行监管探索》（中国金融出版社2006年版）。

要最了解监管对象的情况，因此要转变观念，从过去现场检查以完成上级任务为主转变为以我为主、为我所用，要全面彻底地搞清楚被查机构的各种情况与问题，查到自己满意、明白为止。现场检查人员以第一责任人的责任感和使命感，力求成为最了解被监管机构情况的专家，现场检查十分认真、投入，工作扎实了，每个检查人员收获大了、体会多了，对被监管机构的了解则更加深入、细致。情况摸透了，自然报告也写得好。通过大家的共同努力，各银行业机构普遍反映深圳银监局现场检查工作水平大大提高，现场检查报告质量有了大幅提高。

（二）深入现场检查，提出"特别关注贷款"概念

在现场检查中，我们十分关注银行业金融机构贷款五级分类结果的真实性。由于贷款五级分类存在一定的主观性，部分不审慎的银行业机构倾向将一些不良贷款放在"关注类贷款"项目反映，与监管当局的分类存在较大分歧。对于分类结果协商后仍不一致的，深圳银监局要求各监管处在今后的现场检查中要统一采用"特别关注类贷款"反映，列于"关注类贷款"项下，以充分揭示商业银行潜伏的隐性风险。并要求对特别关注类贷款建立台账，进行重点监测。

"特别关注贷款"概念的提出和实际操作，既有利于缓解银行业机构的经营和考核压力，又有利于掌握贷款质量的真实状况，也有利于各机构有计划、有重点地加强风险管理，还有利于监管部门抓住监管重点、有针对性地提出监管要求以切实提高银行业贷款质量。这种处理方式，既坚持了监管的原则性，又实现了监管的灵活性，是原则性和灵活性的高度结合。

（三）建立黑名单通报制度，制约不良中介机构和不良企业

针对现场检查工作中经常发现的一些律师事务所、会计师事务所、资产评估机构和公证机构等中介机构中的个别执业者违背执业道德出具不负责任的意见、报告和结论等情况，以及某些贷款企业通过破产、改制等方

式隐匿或转移资产恶意逃废债务等问题，深圳银监局要求各监管处在今后的现场检查中要注意将检查中发现的有不良行为的中介机构和贷款企业列出清单并进行汇总，建立不良中介机构和不良企业的"黑名单"，定期（半年或一年）向银行业金融机构通报，为今后"债权人联席会议"提供基础材料。

以前在现场检查中也经常发现不良中介机构和不良企业的不良行为，但由于监管的主动性不强、责任心不够，往往熟视无睹，现在大家从监管的第一责任人的高度来理解监管工作，充分认识到不良中介机构和不良企业"黑名单"对于防范风险至关重要，也是深圳银监局监管信息平台共享信息的重要组成部分。"黑名单"通报制度的建立，是监管部门与银行业机构互通信息的重要渠道，是监管部门与银行业机构共同防范和化解金融风险的重要举措，也是通过现场检查促进监管服务的充分体现。

（四）实施现场检查汇报制度，要求被查机构严格整改

针对以前存在的现场检查是为了完成任务、向上级交差的"现场检查走过场，报告完成不再管"的情况，深圳银监局领导要求各监管处每次现场检查结束后，都要汇报检查情况，其他监管处派负责人参加，对检查质量进行打分，并作为年度考核的一项重要内容。现场检查完毕应制发《现场检查整改意见书》，意见书除发送给被查机构外，还要抄送被查机构上级行。被检查机构及其上级均应对《现场检查整改意见书》出具书面意见。深圳银监局领导还十分重视现场检查的后续工作，认为现场检查效果的发挥，最终还需依赖被检查机构自身的整改。因此要求在检查结束后，监管处和监管人员要督促被检查机构认真落实深圳银监局提出的整改意见，做好各项整改工作。

现场检查汇报制度的建立和实施，以及对被检查机构严格整改的要求，是深圳银监局进行持续监管的重要内容。这些措施既体现了领导对现场检查工作的充分重视和主动参与，也给现场检查人员一定的内在激励，促使他们扎实开展现场检查工作，认真查清有关情况和问题，同时还向被检查机构发出信号，认真对存在问题进行整改，重在落实，不能再像过去那样"屡查屡犯，屡错不改"。

二、现场检查取得的成效

（一）较为全面深入地摸清了深圳银行业存在的主要问题

通过深入细致的现场检查，比较全面准确地摸清了深圳银行业存在的主要问题。一是信贷管理不够审慎。突出表现为：贷款"三查"制度不落实；存在无法律效力的担保和实质上的形式担保；对集团客户统一授信未予重视；信贷集中问题比较突出。二是信贷资产质量分类普遍不实。通过对几家商业银行分行贷款五级分类专项检查的情况看，各行实际不良贷款比率均在其账面数的两倍以上，较非现场监管数据有较大幅度的增加。三是贷款损失准备计提不足。从现场检查的情况看，有的银行尚未完全按照《银行贷款损失准备计提指引》的要求计提损失准备，而已按照要求计提损失准备的银行，由于贷款分类结果不实，贷款损失准备计提也不充足。四是虚增存、贷款现象时有发生。检查发现，某些基层行为了完成考核指标，利用贷款的"派生功能"达到虚增存贷款的目的，主要方式是：以贷款作为签发银行承兑汇票的保证金，反复承兑、贴现，将贷款转存的定期存款作质押，再发放贷款或办理商业承兑汇票贴现。五是利润核算不真实。检查发现，由于信贷资产质量反映不实，造成贷款损失准备计提不足，不少银行存在利润核算不审慎的问题。六是考核指标体系扭曲。检查发现，大多数银行业机构还没有推行以风险为核心的绩效考核体系，仍沿用传统的以规模增长为中心的考核体系，误导了分支机构的经营管理。

（二）促进被查机构增强风险意识加强风险管理

针对现场检查发现的问题，各被查机构认真吸取教训，增强风险意识；纷纷采取措施，加强风险管理。一是对照深圳银监局下发的《关于深圳银行业金融机构可持续发展的若干指导意见》，各被查机构开始正视风险、效益、规模三者之间的关系，并努力把风险高于一切、重于一切的审慎经营理念贯彻到业务发展的实践中去，进一步强化了风险意识，科学的发展观逐步树立。二是在深圳银监局加强现场检查整改的要求下，各被查机构严格落实各项整改意见，风险管理措施得到了实质性的改善。各机构除认真总结资产分类不实的原因、调整分类结果外，其他整改措施也在抓紧实施，如重新梳理信贷业务流程，排查重点风险环节；新建并修订有关准入、受理、授信审批、授信后管理的规章制度，为授信工作问责和免责的开展提供制度保障。信贷政策和风险管理政策不明确、管理信息系统落后、考核指标设计存在制度性缺陷等较深层次的问题，还得到了被查机构及其总部的高度关注。

（三）监管的威信得到了进一步提高

深圳银监局现场检查工作有几个特点：一是深入细致，不走过场，检查的目的是查到自己满意、明白为止。二是实事求是，客观公正。对检查发现的问题，既不夸大，也不缩小。三是在问题的定性上，坚持专业精神，以理服人。四是在问题的处理上，既注重了原则性，也体现了一定的灵活性。同时，深圳银监局现场检查工作还与监管服务有机结合，为银行业机构防范和化解金融风险提意见，做参谋。对现场检查中发现的不良信用企业和不良中介机构，建立不良信用企业和不良中介机构黑名单制度，定期汇总，定期通报，做到与银行业机构信息共享。对现场检查中发现的倾向性问题或风险苗头，及时向银行业机构发出风险提示，进行风险预警。通过现场检查和与现场检查相配套的这些贴心服务，大大提高了深圳银监局的监管威信。

（四）培养和锻炼了监管队伍

深圳银监局监管人员具有年纪轻、学历高、接受能力强等特点，但部分监管人员尤其是新招聘人员从事监管的时间不长，现场检查经验较少，同时，部分监管人员还存在业务知识老化的问题，知识准备和业务积累不能与银行业日新月异的业务发展相适应。针对这一问题，深圳银监局采取了两项措施：一是以现场检查为实践的课堂，让大家在实干中得到锻炼。在现场检查的组织上采用新老搭配、以老带新、以查代训、检查任务责任到人等方式，给每一个监管人员锻炼、学习和提高的机会。二是抓实抓好每年的集中业务培训，让大家在交流中得到提高。在一年一度的业务培训中，能者为师，既突出了新业务的研讨和学习，又注重银行基础业务的深入剖析和现场检查技能的详细介绍。

三、现场检查工作的几点体会

（一）所有现场检查都要从业务检查归结到内部控制和风险管理的检查上来

原中国银监会提出了"重视内部控制，以风险为本"的银行监管新理念，明确了由合规性监管向合规性监管与风险监管并重的监管方向发展，抓住了银行业监管的核心问题。深圳银监局紧紧围绕这一指导思想，主要针对银行业机构的资本充足情况、资产质量状况和内部控制情况等与风险管理高度相关的业务开展现场检查工作。全年现场检查项目中仅内部控制专项检查就达 12 项，18 项现场检查项目涉及法人机构的资本充足状况，自主安排了 10 项贷款五级分类真实性现场检查项目，在原中国银监会要求的现场检查项目中涉及贷款五级分类真实性检查的还有 20 余项，其他现场检查项目也都涉及各项业务的内部控制和风险管理状况。总之，深圳银监局自觉以控制风险为核心，做到了所有现场检查项目都与内部控制和风险管理检查的有机结合，并最终归结到了内部控制和风险管理的检查上来。

（二） 现场检查的各个环节都要纳入制度化和规范化的轨道

深圳银监局成立之初就十分重视现场检查的制度化和规范化发展，制订了比较详尽的《深圳银监局监管工作规程》，并严格遵照执行，对银行业金融机构起到了很好的表率作用。一是注重现场检查入场规范，认真制发现场检查通知书，坚持依法进行现场检查。二是严格现场检查工作底稿制度，做到现场检查证据收集的规范化。三是现场检查中积极与被检查机构进行交流和沟通，认真进行检查事实确认，增强现场检查的透明度。四是严格行政处罚告知制度，坚持行政处罚程序合法。五是认真制发现场检查意见书，督促被检查机构严格整改，并通过后续检查来保证现场检查整改的制度化。六是深圳银监局将定期修改和完善《监管工作规程》，确保现场检查各项工作的制度和规范有效。

（三） 对以往现场检查中发现主要问题的整改情况和备查线索要进行后续检查和延伸检查

现场检查和银行业金融机构的风险管理一样，不是一个一蹴而就的间断事件，而是一个不断延续的过程。现场检查的目的是发现风险并防范风险，它的运行机制包括回顾以往现场检查的要点和发现问题（如果有备查线索，则可进行延伸检查）以确定检查重点，围绕以往问题的整改（后续检查）和风险发现实施现场检查、反馈和整改等几个循环往复的过程，其中每一次现场检查都不可能穷尽银行业金融机构的问题和风险，也不可能在有限的时间内查清楚所有的疑问、厘清楚所有的线索。现场检查就是一个不断解决以前发现的老问题，发现新问题并要求被查机构整改的过程。为了银行业金融机构有效防范和化解风险，后续检查和延伸检查十分必要。

（四） 要不断改进现场检查方式以提高现场检查的有效性

实践表明，如果现场检查仅仅停留在合规性层面，对问题的处理大事化小、小事化了，效果不好。为了最大程度地发挥现场检查的有效性，必须对原来的检查方式进行改进，一是检查项目要有针对性，要抓关键问题，要选择辖区金融运行中的难点、热点、重点问题进行现场检查，主动选题，主动出击，只有这样才能达到事半功倍的效果。二是变被动型的现场检查为主动型的现场检查，彻底改变过去那种不切辖区实际、"运动式"的快速检查和快速调查，现场检查要做到以我为主、为我所用。三是检查方法要有突破。例如，由于贷款分类中存在严重的信息不对称问题，对信贷资产质量的检查就不能仅停留在翻阅信贷档案的层面上，还必须对贷款资金的流向进行追查，只有这样才能"拔出萝卜带出泥"，发现被查机构信贷资产质量的真实状况。

（五）现场检查手段亟须改进

目前，深圳银监局的现场检查工作仍沿用二十年前中国人民银行稽核检查采用的手段，完全依靠手工操作，检查效率低、检查效果较差。现场检查中，监管人员的便携式电脑没有联网，调阅的资料、撰写的工作底稿、检查报告等彼此信息互不相通，便携式电脑更多是作为文字处理器使用，造成了极大的浪费。因此有必要加快现场检查电子化、网络化、信息化的建设。考虑到检查手段的改进是一个系统、长期的过程，深圳银监局设想近期先将所有监管人员的便携式电脑联网，所有监管法规以及监管人员在检查中搜集的电子文档资料、撰写的工作底稿、检查报告在权限范围内可以实时查询。在此基础上，借鉴审计署"通审软件"的设计思路，研究开发出功能强大、指引度高的现场检查软件。

（六）监管人员的素质有待进一步提高

现场检查是一项综合性很强的工作，要求监管人员熟悉业务，知晓法规，掌握会计、法律和电脑知识。深圳银监局的许多监管人员已走出校门多年，知识结构相对老化，有的法律知识欠缺，有的对会计业务不熟，有的电脑知识匮乏，有的对国际银行业监管的最佳做法和国际先进银行的管理经验知之不多。特别突出的是，多数监管人员是从学校直接走向监管岗位的，对商业银行的经营管理缺乏切身的了解，工作中往往抓不住问题的关键。这些都严重制约着深圳银监局监管水平的进一步提高。因此，迫切需要做到培训工作制度化、规范化。一是定期邀请商业银行、会计师事务所有丰富实践经验的人士来授课指导，以保证培训的质量和实效。二是给监管人员创造"走出去"学习和培训的机会，让更多的监管人员增长见识，加强对国际先进做法和经验的感性认识。

九

区域创新

关于建立深圳金融客户信用认证网络系统的设想[*]

　　金融客户信用认证网络系统是指在充分利用社会机构（主要是银行、保险、证券、电子清算中心及工商、税务、国土、法院等）现有的个人和企业信用信息的基础上，通过网络技术实现信息共享和信用认证，向社会各方面提供不同层次的企业和个人信用咨询服务的网络系统。该网络系统的建立将有效解决社会信用不真实和可靠性差的问题，迅速提高政府对市场监督的效率并为电子商务的发展打下坚实的基础。

　　随着中国加入世界贸易组织（WTO），中国金融业将进入全面竞争时代。竞争的焦点将集中在优质客户的争夺上。金融客户的信用认证问题已经引起政府有关部门的高度重视。1999 年以来，中国人民银行在全国范围内启动"银行信贷登记咨询系统"，上海也于 2000 年试点开展个人信用联合征信服务并作为国家级重点项目被上海市政府列入 2000 年的政府实事。国内首家从事个人消费信用联合征信业务的中介机构——上海资信有限公司已于 1999 年在上海成立。我们认为，建立金融客户信用认证网络系统是提高中国银行竞争力和未来发展的一种必然趋势，深圳完全具备条件进行这方面的制度创新和探索。

---

　　* 本文成于 2000 年 3 月 13 日。时值全国各行业热烈讨论如何应对中国加入世界贸易组织的形势变化，中国人民银行深圳市中心支行倡议大家对"中国银行业如何面对 WTO 的挑战"出谋划策。本文为笔者独撰文稿，上报深圳市委、政府后受高度重视，此后鹏元资信评估公司大力推动金融客户征信服务，业务蓬勃发展。成文期间受时任银行监管一处处长曾于瑾先生、副处长徐柏熹博士及其他同事（恕不一一罗列）的指导和帮助，在此谨表谢忱，但文责自负。

一、建立金融客户信用认证体系的必要性、作用及其发展前景

（一）建立金融客户信用认证体系的必要性

在我国，银行、工商、税务、海关、法院虽然也掌握了大量的客户信用记录，但由于相互割裂，互不认证，导致记录失真，信用记录的可靠性差。一个企业可以用几套报表在不同的部门形成不同的记录；可以设立不同的匿名账户，隐瞒和抽逃资金。由于信用互不认证，银行信贷员难以判断企业信用的真实状况，有的甚至利用"信用互不认证"的漏洞帮助企业套取信用贷款。税务机关因不能真实掌握企业和居民的收入情况，导致大量的税收流失；法院和检察机关因不能掌握企业和个人的资产情况，导致许多案件难以执行。因此，信用不认证问题是当前金融改革发展的瓶颈，建立科学高效的信用认证体系迫在眉睫。

一是信用认证体系的建立将有效解决我国银行信贷信息不对称的问题。当前，我国银行体系中的大量资金投向了低效益企业，个人消费信贷未得到应有的发展，资金错配成为中国经济体制最薄弱的环节。形成资金错配的原因是多方面的，我国银行信用长期处在信息不对称的状态是其中主要原因之一。

银行对企业的信贷市场信息具有不对称性，主要表现在：银行目前无法及时、完整、准确地掌握借款人的经营状况、财务状况和还款意愿等与贷款风险密切相关的重要信息；社会中介机构如资信评估公司、会计师事务所等由于恶性竞争，所出具的报告难以达到专业标准的要求，有些中介机构甚至与借款人恶意串通，蒙骗银行；银行与工商行政管理局、税务局、国土局、海关、法院等管理部门之间缺乏必要的信息资源共享渠道，借款人向银行及相关监管部门提供假报表、假单据等，致使偷税漏税、逃套汇、逃废债行为普遍，赖账成风，导致社会信用状况恶化。信用认证体

系的建立可以利用信息共享充分掌握企业和个人客户的信用状况，并通过相互印证排除虚假信息，为信贷决策提供可靠依据。

二是信用认证体系的建立将有效规范社会信用秩序，形成新的社会信用观念。目前，我国社会信用具有浓厚的封建色彩。即使是在改革年代的今天，人们仍然相信铁哥们，依靠老关系走后门办事。在西方，个人消费信用联合征信已有150多年的历史，由于设立了社会信用查询的基础，如个人存款基本账户，每个人有唯一的社会安全编码，企业的经济行为大部分用非现金形式支付，因此，社会经济行为基本是有据可查的。就个人信用而言，个人的隐私权主要表现在政治、信仰和私生活上，而涉及经济、信用等问题则难以隐瞒秘密。以西方的社会安全编码为例，任何人到任何地方租房、住宿、申请工作、存款、赋税时，都要登记社会安全编码。国家设置专门机构，用统一的电脑联网，把每个人的还债、付账、工资、失业等情况都记录在案，但错误地登记任何人的信用也要负法律责任。因此信用不好的人一般是很确实的。信用记录可以付费查检。信用记录的权威性是市场经济发展和政府刻意建设信用体系的结果。

由此可见，社会的大量经济行为有记录可查是社会信用秩序的物质基础，也是维护经济和金融秩序的必要手段。我国在建立社会主义市场经济的过程中，学习引进了西方许多先进的管理技术和方法，包括货币政策工具、公开市场操作等，但有的始终未能达到预期的目标和效果，究其原因，是我们长期忽视了社会信用体系这样一个十分基础的工作。

（二）建立金融客户信用认证体系的作用

（1）有利于维护金融安全。银行是金融客户信用认证网络系统的主要使用者和受益者，借助该网络，银行将能大大提高工作效率和决策透明度，降低贷款风险，减少人工费用，提高经济效益。银行在充分了解客户风险状况的基础上从事信用发放业务，降低了银行资产的风险程度。客户状况改变，银行发生潜在风险时，由于金融客户信用认证网络系统能全面、及时、准确地提供客户的有关信息，银行能及时了解客户资产、支付等状况，也有利于维护金融债权，有利于金融执法，从而有利于防范和化解金融风险。

（2）有利于提高中国银行业信贷资产质量。建立金融客户信用认证体系，多角度、全方位地采集各类与客户有关的信息，各方面的信息有机联系并且相互印证，将增强金融客户资信的透明度，彻底改变银行信贷市场信息不对称和互不认证的局面。这将有利于银行全面充分地了解客户的财务状况及其他风险因素，银行据此进行决策，有利于提高信贷资产质量。

（3）有利于提高中国银行业的竞争力。建立金融客户信用认证体系，能给经济社会提供一个平等竞争、重视信用的环境，银行在该体系的基础上从事业务，有利于增加决策透明度，特别是，随着信用环境的改善，一批优质客户和个人消费者客户群将得到良好的金融服务并迅速壮大，而劣质客户将被迫退出市场。这样，一方面，有效促进了产业结构的调整和资源的配置；另一方面，我国银行因此占有了优质客户群而迅速提升竞争能力。

（4）有利于刺激消费，拉动经济增长。消费市场一方面是生产者、商家，另一方面是消费者。建立金融客户信用认证体系，有利于约束生产者、商家和消费者的行为，防止违约的发生；有利于银行选择信誉好的生产者和商家进行扶持；有利于银行对消费者进行消费信贷，促进消费。尤其是未来的电子商务时代，完备高效的信用认证体系，能够为创新消费方式和信用手段，为推动人类消费方式的转变提供物质保证。

（5）有利于重塑社会信用观念。建立金融客户信用认证体系，是从金融—经济的中枢来解决社会信用问题，其辐射功能是最强的，辐射作用也将最大。只有全社会都真正重视并自觉维护自身信誉，形成有信誉者能享受全社会最优的服务，激励并迫使信誉不佳者改变其形象的良好局面，才能在全社会建立起真正的市场信誉。

（三）金融客户信用认证体系的发展前景

第一，它拥有规模庞大的固定使用客户。银行是金融资信网络系统的主要使用者和受益者。随着市场经济制度的不断完善和政府职能的转变，政府将把主要精力集中到维护市场公平竞争和税收征管方面上来，因而相关经济管理部门和司法部门也是该网络的主要使用者。另外，从事社会中介服务的专业机构也要依赖网络中的数据资料。

第二，网络经济代表未来经济的发展方向。金融资信网络系统既可以作为独立运作的系统，也可作为经济、金融管理、咨询、监督系统的子系统，并且可以随经济、金融发展的需要赋予其更多的功能。

第三，它将产生巨大的社会效益。金融资信网络系统是重建社会信用、培养公平竞争意识和建立法治社会的桥梁和纽带，它符合社会主义市场经济发展潮流。深圳金融资信网络系统的建立和成功运作，客观上有助于培养企业与公民的法治意识，培养良好的社会信用观念，从而有助于推动我国建立现代市场经济制度，它将得到政府、企业和社会各界的支持。目前我国建立的银行信贷登记咨询系统，在商业银行防范信贷风险和提高央行监管水平方面发挥了重要作用，已经取得了良好的经济效益和社会效益。可以预见：借助金融资信网络系统，银行信贷市场将逐渐打破原有的信息不对称状况，置借款人于"阳光"下；偷税漏税、骗税、生产销售假冒伪劣产品企业将无处藏身；经济案件执行难等问题也将迎刃而解。

二、建立深圳金融资信网络系统的具体构想

深圳金融资信网络系统包括两个方面：企业信用状况网络系统、个人信用状况网络系统。

（一）企业信用状况网络系统

企业信用状况网络系统主要功能：查询企业日常经济行为的有关记录和信用状况，对企业的信用状况进行评估，防止企业提供不真实资料，进行欺诈、逃废债务、偷税、漏税、套取银行信用、逃套汇等行为。

（1）建立基础数据库。基础数据库构成单位包括：深圳市工商行政管理局、深圳市国土局、深圳市技术监督局、深圳海关、深圳市住宅局、深

圳市税务局、社会中介机构（各资信评估公司、会计师事务所、资产评估事务所、公证处）、各保险公司、各商业银行、各外资银行、国家外汇管理局深圳分局、中国人民银行深圳市中心支行等。

数据库数据资料内容包括：

①企业营业执照规定的内容及其变更记录。

②企业资产负债表、损益表、现金流量表等财务报表。

③企业贷款证、开户行（基本账户行、一般账户行）、账号、币种、余额及交易结算记录。

④企业概况、对外担保金额、外债记录。

⑤抵押物评估资料、抵押物登记记录、抵押物公证记录、担保企业财务报表、营业执照规定的内容及其变更记录。

⑥单位信用卡消费记录、财产保险单据。

⑦企业信用评估等级、企业年度审计报告、资产评估报告。

⑧金融市场禁入人员名单，逃废债、逃套汇、偷税漏税、假出口骗税、生产销售假冒伪劣产品企业名单。

⑨进出口额、出口退税金额、进出口结算记录、收付汇核销。

⑩纳税记录、工商税务年审记录。

⑪关联企业营业执照规定的内容、关联企业法人代码等。

（2）建立法律诉讼档案数据库。法律诉讼档案数据库单位包括：深圳市各级法院、深圳市各级检察院。

法律诉讼档案数据库资料包括：

①企业诉讼金额、判决及履行记录。

②企业被处置资产名称、数量和处置金额，企业接受被处置资产名称、数量和金额。

③金融诈骗案件、诈骗企业法人代表、拒不履行法院判决企业和法人代表名单等。

（二）个人信用状况网络系统

个人信用状况网络系统主要功能：查询个人（企业法人代表人）日常

经济行为的有关记录和信用状况，对个人的信用状况进行评估，防止个人提供不真实资料，进行欺诈、逃废债务、偷税、漏税、套取银行信用、逃套汇等行为。

（1）建立基础数据库。基础数据库构成单位：深圳市各银行、各非银行金融机构、各证券公司、各保险公司、深圳市住宅局、深圳市各公证处、深圳市法院、检察院、深圳海关、深圳市社会保险局、深圳市各中介机构。

（2）数据库数据资料内容包括：

①消费者个人概况，包括姓名、职业、住址、年龄、婚姻状况、国籍。

②消费者家庭年收入、银行存款账户、存款余额、家庭财产、家庭实业、抵押质押财产、个人担保情况、抵押担保公证记录。

③家庭成员参与人身保险记录、家庭财产保险记录、家庭投资记录（证券投资、国债投资等）。

④个人信用卡消费记录、社会保险金缴纳记录、出境记录、违约记录、经济诉讼记录、犯罪记录等。

三、深圳金融客户信用认证网络系统的运作模式

（一）深圳金融资信网络系统组织形式

企业信用状况网络系统与消费者信用状况网络系统无论是成员构成还是数据库资料构成都有许多相似之处，差别在于前者主要针对中小企业，后者专门针对个人，两个系统从技术上可赋予同一网络载体。根据系统的功能、使用者使用频率和现有的机构网络情况，可以考虑专门成立一个深圳市社会信用查询中心，以会员制形式注册登记，或者以股份公司形式注册登记。此系统的建立有赖于深圳市政府成立专门工作小组推进。

（二）建立健全制度，明确权、责、利

首先，必须制定专门的制度（管理办法）来规范资信网络系统的管理和运作，通过制度严格规定各网络成员单位的权力、责任和利益；建立信用查询授权制度，使查询完全符合法律上的程序，避免引起法律上的纠纷。其次，要根据网络安全保障需要，依据数据资料的保密程度设置密级，规定查阅单位权限，以企业法人代码和个人身份证号码作为查询代码，并统一设置企业和个人资信查询密码，实行谁查询谁付费的有偿查询制度，制定统一的查询路径，制定系统安全管理制度和罚则等。

（三）网络运营与维护

深圳金融信用网络系统实行两级管理运营模式。主系统管理单位（查询中心）负责管理和维护一级网络，各成员单位负责各自内部系统网络（二级网络）的管理和维护，并根据查询内容进行设计，尽可能与各部门的现有登记系统连接，自动转录，各部门负责各自基础数据资料的输入和更新，对数据的真实性、正确性、完整性负责，发生重大事件及时通报。

温州金融改革的微观解读*

2013 年 3 月 28 日，是国务院批准实施《浙江省温州市金融综合改革试验区总体方案》一周年的日子，回顾一年来温州金融改革的一些情况，意义重大。

一、背景

受国际金融危机影响，中国外向型经济受到较大冲击，波及许多投资过大、战线过长、借贷过度的企业。2011 年以来，由温州民间借贷风波引发了企业主"跑路"现象。国务院审时度势，批准温州进行金融改革。温州金融改革的主要任务有 12 项，即 1 个规范、7 个发展、4 个建设：规范民间融资；发展新型金融组织、专业资产管理机构、个人境外直接投资业务、面向小微企业和"三农"的金融产品与服务、地方资本市场、债券产品和保险业务；深化地方金融改革、建设社会信用体系、完善地方金融管理体制、建立金融综合改革风险防范机制。目标是构建与经济社会发展相匹配的多元化金融体系，使金融服务明显改进，防范和化解金融风险能力明显增强，金融环境明显优化，为全国金融改革提供经验。

历史上温州金融改革有过多次经验。1984 年中华人民共和国成立后的第一家由私人开办的金融机构（温州苍南县人方培林开办的"方兴钱

---

* 本文于 2013 年 5 月发表于《银行家》第 5 期。

庄")第二天就被迫摘牌。1986年杨嘉兴、苏方中分别创办鹿城城市信用社和东风信用社；1988年浙江省人民银行批准温州设立16家农村金融服务社；1992年温州苍南县成立第一家农村合作基金社；1999年温州市政府与中国人民银行采取果断措施，要求"两社一会"分步骤退出市场；2001年前述"新兴金融机构"全部退出；2002年温州成为全国唯一的金融综合改革试验区，但改革未深入实施；2008年温州启动"民营经济创新发展综合配套改革试点"，后被叫停。这一次的改革情况又如何呢？

二、周年小结

温州本次金融改革受国务院高度重视，中央各直属机构给予很多关注和指导，浙江省委、省政府全力支持，温州市委、市政府强势推进，做了不少工作，有了阶段性的进展，不少工作面临突破。具体工作温州市金融办已有通稿公布，本文主要谈谈工作进展和几个瓶颈。

（一）温州金融改革阶段性成果

1. 体制机制建设有了新的进展

（1）金融体系建设进一步加强。一是金融发展和风险防范有了更强的组织保障。浙江省委、温州市委高度重视，分别成立了省、市两级领导小组和推进办公室，充实了力量，各项工作有序推进。二是进一步建立了监管联动机制，监管协调的深度和广度均有提升。本次改革的一个突出特点是，温州市金融办公室（以下简称"金融办"）代表地方政府履行金融改革协调职能，强化了地方政府在金融发展和风险防范过程中的地位和作用，成效比较明显。在金融发展方面，金融办主导机构发展规划，并直接推动实施，以政府行政指令指导推行，各项工作力度更大。在风险防控方面，在温州市委、市政府高度重视之下，为维护温州地区经济金融稳定，更是最高规格、最大气势地打出了一套"组合拳"：首先，政府引导、呼吁广大银行业金融机构讲政治、以实际行动支持部分困难企业渡过难关、共同化解金融风险，所有金融机构积极响应，在监管部门指导下与监管部门一道采取切实措施，创新还款和信贷方式，不抽贷、不压贷，尽可能保证大部分企业，尤其是仍有希望、有生机企业的资金周转，创造性地强化了温州市经济社会的资金链条，极大地支持了地方经济发展。其次，政府出资成立转贷基金、行业共同出资成立周转基金，与监管部门、银行业一道，多位一体，解放思想，共谋出路，齐心协力，抱团取暖，出现了许多可歌可泣的事迹。再次，温州市委以四套领导班子为首，成立几十个扶工兴贸、化解风险工作组，深入各区（市）县，深入各行业有代表性的企业，一企一策，各相关部门现场办公，理思路、出点子、解难题，为困难企业谋求生机。抓住主要矛盾和矛盾的主要方面，以点带面，极大地推动了温州经济社会稳定，及时、准确、迅速地化解了这场债务风波。最后，政府引资、引智、引技多方面结合，建立多个起点高、有特色的高新科技园区，创新金融支持方式，大力扶持中、高端产业发展，强力推动经济转型和产业升级，引导企业集约化发展，从本源上解决经济困境。

（2）信用体系建设进一步推动。温州市民营经济发达，民间资金充裕，民间金融活跃，本来社会信用是非常好的，但在大面积、全方位的经济困境中，社会资金链面临断裂风险，人人自危，信用自然容易"崩溃"。开展金融改革以来，政府积极有为、加强引导；监管锐意创新、全力推动；金融机构识大体顾大局、主动践行社会责任；广大企业主和企业讲道德、积极谋求生存。温州市信用体系状况有了新的提升。

（3）全方位监管能力进一步提高。一是加大了组织建设力度。各区（市）县均成立基层金融办，大大充实力量，强化了对县域金融、基层金融的监管。二是将现有游离于监管之外的金融部门纳入政府监管范畴，金融监管广度有了新的提升。将小额贷款公司、经营租赁公司、投资公司等金融类企业纳入监管范围，地方整体金融视角更加全面。三是对现有监管体系进行了整合，强化了地方政府的主导作用，重视信息共享，进行数据和系统集成，"块块管理"有了新的进展。

2. 金融市场体系有了新的加强

（1）开设温州金融改革广场，强化温州市股权营运中心的平台作用，鼓励新设机构在金融改革广场积聚，在产业整合方面做了有益探索。

（2）小额贷款公司发展迅猛。一年来筹建 26 家，对小微企业金融支持力度加大。

（3）民间资本管理公司良性发展。一年来新增 6 家，小微企业金融服务进一步加强。

（4）农村资金互助会发展较快。一年来新增 9 家，对农村金融服务做了一些探索。

3. 融资体系建设有了新的推进

（1）民间融资规范化取得新进展。全市 4 家民间借贷服务中心开业运营，定期发布温州民间借贷价格即"温州指数"。

（2）直接融资有了新的进展。一是推动 4 家企业上市。二是成功实现市域铁路 S1 线 15 亿元债券募集。三是推动温州银行增资扩股和农合行改制。四是积极推动企业债发行工作。

（3）进行小微企业信用贷款试点。

（二）温州金融改革遇到的瓶颈

目前温州金融改革已取得阶段性成果，遇到的瓶颈也比较多，政治的、经济的、社会的各方面都有，这里讨论的是金融方面相互联系的几个主要瓶颈：一是"纯"民间正规金融机构的缺失；二是对民间"编外"金融机构的管理，政府引导和管制存在内在冲突；三是金融发展和监管存在固有矛盾；四是金融监管协调出现新的复杂局面。

三、启示与借鉴

（一）形成本轮温州经济困境的深层次原因

改革开放以来，温州人以其敢闯敢试敢为天下先的精神开创了举世瞩目的"温州模式"，不少人挣得了"第一桶金"，个人开创的事业也"风生水起"。在经济高速增长时期，个体对财富的追求是执着的，到处"铺摊子"、赚"快钱"的投资扩张也是无止境的。比较极端的例子是：仅有相当于首付的钱或很多人凑足首付的钱，个人就敢买下一幢大楼，所以在楼市长期快速上涨中温州人财富急剧"膨胀"。"快钱"好赚又推动人们脱"实"向"虚"，热衷于炒房、炒矿、炒农产品、炒稀缺"资源"（酒、红木、字画等），大家无心做实业。企业"低小散"，优强企业很少；产业没有做大做强，温州经济近十年来已经落后。改革开放以来，温州政府"无为而治"，充分调动民间个人的主观能动性，发挥市场的作用，确实极大地刺激了经济增长，但后遗症也很明显：基础设施十分落后，产业基础也比较薄弱，信用膨胀十分明显，房地产市场泡沫严重，民间借贷比较猖獗，温州经济转型和产业升级的欠账太多，最终导致全球金融危机之后，在中国被迫经济转型，高速增长转变为平稳增长背景下，许多企业因产业基础不牢而无法及时调整从而引发信用困难。

（二）下一步应采取的措施

最近几年，温州市用意深远、构思宏伟、不遗余力，大刀阔斧力推改革，但在欠账较多、基础较差的情况下，当务之急是夯实基础、做实产业、积攒后劲。笔者认为应做好以下工作：一是要打造服务型、效率型、市场型、廉洁型政府。二是要建设好务实温州、文化温州、法制温州、信用温州。三是要引导好、培育好、呵护好、推动好中高端产业发展。四是要孵化出一批创新、竞争、有理想、有担当的优强企业。五是要培养出一批有礼、有为、有胆、有识的新型企业家。

（三）本轮温州金融改革的反思

本轮温州金融改革取得不少阶段性成果，得益于政府重视、组织严密、部署周密、措施得当、推动得力。在经济发生较大困难后，仅用两年左右时间，基本遏制了经济下滑趋势，效果比较明显。但也有值得反思之处：一是区域经济金融改革和发展如何更好融入全国经济金融改革发展大局，在小地方做一篇大文章。二是哪些该做，哪些不该做，以及各项工作推行的力度，都有较高的"艺术"成分。三是在政府对微观活动的参与中，度的把握十分重要。一方面，政府应加强对各类机构的引导，确保正规金融机构更加注重社会责任，"编外"金融机构也应规范发展，即发展中时刻体现监管；另一方面，微观经济活动政府也不宜参与过多、过深，让微观主体们更加"自由"发挥，形成自己的核心竞争力，实现以监管来服务发展。四是着眼长远，处理好各方面关系，尤其是在"条""块"关系处理上，既充分尊重并发挥"条条"的积极性，让"条条"主动把政策、资源向"块块"倾斜，又调动"块块"的积极性，雷厉风行地把各项具体工作落实，"条""块"协作把事情做好。

十

风险管理

应对金融海啸冲击　加强合规风险管理[*]

2005 年 4 月 29 日，巴塞尔银行监管委员会发布了《合规与银行内部合规部门》，对合规风险概念进行了界定，敦促国际银行界关注合规风险防范。2005 年 11 月，上海银监局发布了《上海银行业金融机构合规风险管理机制建设的指导意见》。2006 年 10 月 23 日，原中国银监会主席刘明康在上海银行业第二届合规年会上对中国银行业加强合规风险管理提出了四项工作要求。2006 年 10 月 25 日，原中国银监会发布了《商业银行合规风险管理指引》。至此，我国主要商业银行均成立了管理合规风险的专门部门，合规风险管理成为我国商业银行风险管理体系的重要组成部分。随着金融海啸对世界经济影响的不断深化，我国银行业受到实体经济下滑的冲击也日渐明显，在巨额信贷投放、案件隐患增大的背景下，合规风险管理正受到监管层和商业银行更多的关注。

一、合规风险管理要处理好几方面关系

（1）合规风险管理要处理好认识和实践之间的关系。商业银行是典型的风险管理型企业，其经营活动始终与风险为伴，其经营过程就是管理风险的过程。这就要求银行必须改变粗放式管理的套路，建立一整套有效管理各类风险的职业行为规范和做事方法，既要认识深刻，还须措施到位。

---

[*] 本文于 2009 年 9 月 14 日发表于《金融时报》第 5 版。

（2）合规风险管理要处理好高层员工、中层员工和基层员工之间的关系。在合规风险管理中，银行高层要确定原则和工作机制，中层要确定操作流程、考核方式并负责实施，基层要实际操作并互相制约、互相监督。整个体系中，各方职责要明确，落实要到位。

（3）合规风险管理要处理好投入和产出之间的关系。有投入才能有产出，在机构设置、职能安排、人力资源等方面都得有适度投入，才能保证合规风险管理工作的正常开展。

（4）合规风险管理要处理好制度和执行之间的关系。既要有良好的制度，在及时性、完整性、科学性、可操作性等方面均符合业务开展的要求，银行员工还要能很好地执行相关制度，把制度要求落实到业务过程中。

（5）合规风险管理要处理好人和事之间的关系。制度制订、监督执行等固然重要，但员工的诚信尽职更为重要。

（6）合规风险管理要处理好激励和约束之间的关系。考核机制中应体现合规经营优先，对不合规行为和人员要强化问责，合规风险管理才能真正落实。

（7）合规风险管理要处理好事前防范、事中监控和事后处理之间的关系。教育培训、文化建设等事前防范工作十分重要，业务流程中的控制要不扭曲、不变形、不打折扣，风险事件的事后处理一定要严格问责、不走过场、不讲情面。

（8）合规风险管理要处理好防范风险和业务发展之间的关系。一方面，商业银行是管理风险的企业，风险防范至关重要；另一方面，商业银行要认真评估风险的性质、结构、规模等属性，在与银行本身风险承受能力相匹配的情况下，适度发展业务。

（9）合规风险管理要处理好统一协调和分工协作之间的关系。合规风险管理既要有牵头部门，协调各方做好相关工作，同时各部门也需尽职尽责、通力协作，认真做好本部门、本业务条线的合规风险管理工作。

（10）合规风险管理要处理好短期效应和长效机制建设之间的关系。日常工作固然重要，但立足长远的诚信尽职教育等合规文化建设工作影响更加深远，意义也更重大。

二、当前我国商业银行合规风险管理方面存在的不足

当前，我国商业银行大多对合规风险管理认识比较到位，实践中采取了不少措施，但也存在一些不容忽视的问题。

（一）合规风险管理意识还有待进一步提高

首先是董事会、高管层重业务发展轻合规管理的意识还没有彻底根除。其次是合规部门人力资源配置不到位。部门人员偏紧，并有部分员工业务能力不能完全适应合规风险管理的需要，加之培训等其他方面的投入也不足，导致合规管理缺乏人力资源支撑。再次是合规风险管理职责不清晰。合规部门设置后，其他业务部门往往认为合规风险管理是合规部门的事，对合规管理不再重视，投入的精力不够。最后是对不合规事件及其当事人惩戒不到位，往往大事化小、小事化了，最后不了了之。也存在部分商业银行刻意隐瞒自身不合规事件的现象。

（二）合规风险管理的制度基础还比较薄弱

首先是规章制度本身不充分、不系统或者没有得到及时修订。"规"应该既是一个与各业务和管理活动、各条线和运作单元以及各岗位形成明确映射关系的文件化管理系统，又是平衡业绩目标和合规目标关系并确保目标实现的保证，还是将岗责体系、报告路线、监测评价、激励机制等多项管理要素有机结合的载体。应与法律法规和监管要求，银行自身的公司治理、企业文化、组织结构、发展战略、人力资源、目标市场需求和竞争环境、业务复杂程度、流程 IT 化程度和能力、绩效考核和激励机制等因素相匹配，并且应随着上述因素的不断变化而动态地调整和保持。然而，我国商业银行多年形成的规章制度系统并不能很好地满足上述要求。其次是合规风险管理机制还不健全。建立合规风险管理机制，必须从涉及银行整

体的企业文化、组织机构扁平化、流程管理、岗责体系、绩效管理等方面入手，梳理、整合和优化银行的规章制度，建立专业化的合规风险管理队伍，确立清晰的报告路线和问责制、举报制等，真正在银行日常经营管理活动中体现合规风险管理在风险管理乃至整个银行管理工作中的核心地位和作用，现实状况离这一要求还有较大差距。最后是合规部门往往不独立于业务活动，合规风险管理的有效性不足。

（三）合规风险管理工作专业性不够

首先是合规部门人员素质不高，业务能力不够。其次是合规风险管理流程不科学。对合规审查等事前控制不到位，合规管理人员往往成为不合规事件发生之后的"消防员"，合规管理关口严重滞后于业务流程。再次是对合规风险的识别和评估不专业，未实现动态监测和量化管理，在风险管理实践中技术含量较低。最后是一线员工缺乏系统的教育培训和专业指导，不能全面准确地理解法律、法规、规则和内部规章制度，在经营压力下经常导致动作走样、行为扭曲。

（四）建立合规文化还有较大差距

完善的合规风险管理机制要求所有员工都要有足够的职业谨慎、诚信正直的个人品行以及良好的风险意识；银行内部要具有良好的行为规范、清晰的责任制和问责制以及相应的激励约束机制，形成所有员工理所当然要为他从事的职业和所在岗位的工作负责任的氛围，进而逐步形成符合中国商业银行经营管理特点的合规文化。这对银行有效管理包括合规风险在内的各类风险至关重要，也是目前我国商业银行文化建设中的短板。

三、商业银行加强合规风险管理的主要工作

（一）从商业银行高层做起，提高合规风险管理意识

首先是董事会要切实履行其合规风险监控职责，包括审批合规政策并

确保其制定适当，监督合规政策的实施，评价高级管理层的合规风险管理状况，在全行推行诚信与正直的价值观念等。其次是高级管理层要承担合规风险管理责任。巴塞尔银行监管委员会和原中国银监会相关文件均要求商业银行在高级管理层设置合规负责人，相关职责至少包括：制定和传达合规政策，建立识别和管理合规风险的手段、程序和方法；确保合规政策得以遵守，发现违规问题时，采取适当的补救方法或惩戒措施；就合规风险管理相关情况向董事会报告；组建有效的合规风险管理部门。

（二）完善组织架构，为合规风险管理提供组织保障

首先要设立具有独立性的合规风险管理部门。巴塞尔银行监管委员会对此提出了四项要求：第一，合规部门应在银行内部享有正式地位。第二，应由一名合规负责人全面负责协调银行的合规风险管理。第三，在合规部门职员特别是合规负责人的职位安排上，应避免他们的合规职责与其所承担的任何其他职责之间产生可能的利益冲突。第四，合规部门职员为履行职责，应能够获取必需的信息并能接触到相关人员。其次是建立确保合规部门独立开展工作的相关配套机制：一是对合规部门进行独立预算管理。二是对合规部门合规职能的发挥进行考核，建立相应的激励约束机制。三是对各业务部门或业务条线管理人员的绩效考核，应参考合规负责人对其合规风险管理能力的评价意见。

（三）加强队伍建设，提高合规风险管理能力

首先是建立合规风险管理团队，配备高素质的专业合规人员。银行的合规人员要具有与其职责履行相匹配的资质、经验、专业素质和个人素质。适当的专业素质包括能全面、正确地理解法律、规则和标准及其对银行经营运作的实际影响；通过定期、系统的教育和培训，能保持并发展其专业技能，具有对所适用法律、规则和标准最新发展的实时把握能力。适当的个人品质主要包括诚实正直的品格、思考质疑的能力、职业判断的中立性和独立性、良好的沟通能力、较强的判断力和灵活性等，尤其需要具

有对合规问题涉及的相关人员直言不讳的勇气和能力。国际活跃银行中，合规人员占比一般在 0.5% ~ 1%。其次是强化全员合规培训，提高一线员工和管理人员的合规管理能力，逐步使一线员工和管理人员具备与岗位合规要求相匹配的职业素养，不仅能时刻保持自身行为的合规，更要支持和协助合规部门识别和管理合规风险，使所有员工都清楚了解自身的合规职责，使合规理念贯穿于业务运作的各个环节。

（四）重视合规文化建设，加强合规风险管理

合规文化建设与合规风险管理一脉相承、相互联系、相互促进。首先要牢固树立"合规从高层做起"的理念，商业银行高层要做表率，打下合规风险管理的坚实基础。其次要在商业银行内部推行诚信和正直的道德观念，强化"合规人人有责""主动合规""合规创造价值""合规与监管有效互动"等理念、意识和行为准则。再次要保持激励约束机制与企业倡导的合规文化和价值观的一致性，严格责任追究制度。商业银行应切实有效地落实问责制，确保奖惩分明、违规必究。彻底破除以信任代替管理、以习惯代替制度、以情面代替纪律等不良文化的桎梏，牢固树立对不合规行为零容忍的风险管理氛围，以扭转长期职责不清、责任落实难的状况，强化政策和程序等规章制度的执行力。最后要采用多种形式加强合规培训，以全员合规意识的提高来推动合规文化建设。

（五）加强合规制度建设，切实做到有规可依

首先是在高级管理层面，要制定《合规政策》和《合规管理办法》等纲领性文件以及针对董事和高级管理层的《行为守则》，特别是要对董事和高级管理层的合规责任提出明确要求。其次是以合规纲领性文件为统领，进行大规模的整章建制工作。包括制定专门的《规章制度管理办法》，明确规章的立项、制定、发布和实施须经严格的法律合规审查，建设规章制度的后评价和修订等管理流程。实现对涉及所有业务和管理活动的流程进行梳理、整合与优化的制度化，建立基于流程的岗责体系。再次是提前

预防和提示合规风险。根据外部法律法规、监管理念的变化、业务流程变革以及内控管理的新要求，对行内的基本规章制度进行全面梳理，及时完善各项业务运作的制度和操作规程，保证制度和规程覆盖所有业务领域和产品，覆盖所有风险点，做到每一项业务和产品都有规可依，同时要及时清理和废除已经过时的制度规定，避免因新旧制度交替而造成一些不必要的执行矛盾和风险隐患，切实解决跨部门间业务流程和环节的制度"盲区"，实现关联制度间的无"缝"连接。提出相应的法律合规要点，并及时提醒各职能部门。最后要明确员工的岗位责任和尽责义务，制定《员工岗位合规手册》，努力实现"一岗位一手册"的文件化合规风险管理体系，并建立确保严格遵守的相关制度体系和工作机制。

(六) 强调工作的专业化，完善合规风险管理运作机制

首先要探索合规建设与全面风险管理相融合的方式、方法，以合规风险管理促进全面风险管理。搜集合规风险管理的相关数据，加强合规风险管理信息系统建设，深入探索合规风险识别、计量、评估、监测的有效手段，强化合规风险管理的科学性，提高识别、计量、评估、监测和报告合规风险的水平。并通过这些活动，监督有效的内控措施实施，确保各项经营活动符合法律、监管规定和行业内通用准则、标准的要求。其次要完善合规风险报告路线，明确合规部门的报告路线、范围、内容和频率。再次要多方开展合规风险管理交流活动，与其他商业银行之间加强同质同类比较，总结先进的合规管理经验，改善合规建设薄弱环节。最后要建立合规绩效考核制度、合规问责制度、诚信举报制度，并切实执行。

(七) 强化合规风险管理环境建设，加强合规服务工作

商业银行应加强与监管部门的协调、沟通，配合监管部门完成好各项监管工作，建立迅速将监管政策和合规要求及时向全行（包括董事会和高管层）传达的工作机制。合规部门应在合规负责人的带领下，与各业务部门加强联系，有效发现和管理合规风险。同时，合规部门应为各业务部

提供有关合规风险管理的咨询、指导和培训，通过提供合规提示、评价和报告等方式，警示、督促业务部门管理合规风险。合规部门还应主动为其他业务部门的创新提供合规风险管理支持，在新产品、新业务的管理制度、操作流程等方面进行合规审查，并提出合规审查意见。合规部门还应为各项业务经营活动提供合规咨询意见，积极主动为领导提供合规信息和建议，努力做好各项法律服务工作，以合规服务促进各项业务发展。

多措并举加强银行业全面风险管理[*]

后金融危机时代，国内经济发展放缓，商业银行资产质量隐患逐步显现，风险管理重新成为各银行业机构最重要的议题。新形势下，如何进一步加强全面风险管理，促进商业银行可持续发展？温州银行副行长欧阳韶辉全面研判了我国银行业风险发展趋势，并通过对风险管理原则要求、加强全面风险管理的措施等方面的分析，探讨了我国商业银行风险管理的发展方向和体制机制建设。

改革开放以来，我国银行业经历了大磨难、大变革，取得了举世瞩目的成就。尤其是近些年来我国银行业改革开放步伐加快，以可持续发展观念引领银行业稳健发展，努力提高资产质量，切实增强资本实力，不断强化科学管理和风险控制，银行业面貌焕然一新。目前我国银行业在资产质量、资本实力等方面已达到国际先进水平，经营管理能力和风险控制水平也有长足进步，中国银行业在国际金融体系中将越来越发挥重要作用。

展望未来，我国银行业还面临严峻挑战：国际银行业战略重心转移，有识之士纷纷将目光聚焦中国，我国银行业竞争将日趋白热化，国际先进银行的国际视野、全球人才、世界市场、管理经验给我国银行业机构造成巨大压力。社会转型的巨大成本、社会矛盾的长期积累，对我国经济发展形成极大的制约，其巨量风险将转嫁给我国银行业。金融脱媒、利率市场化的迅速发展与我国银行业人才、管理现状很不匹配。我国银行业机构同

---

[*] 本文于 2013 年 3 月 26 日发表于《上海金融报》第 7 版。

质化恶性竞争造成社会资源的极大浪费等。目前我国银行业风险管理有以下几个特点：一是我国银行业发生系统性风险的可能性不大。二是局部风险发生还存在较高的概率。三是我国银行业存在进一步并购整合的可能。

一、全面风险管理的原则要求

笔者认为，银行业加强全面风险管理应遵循八大原则。

（一）强化审慎经营意识，防范信用风险和表外业务风险

近期，不少新闻媒体都对国内商业银行不良贷款余额和不良贷款率上升的情况进行过报道，实际状况确实令人忧虑。主要是受"亲经济周期"因素影响，经济发展不景气所导致的企业效益下滑而使贷款违约率上升，近十年来大力发展的表外业务（也称"影子银行"业务）成为风险重灾区。多年来超常规发展，大干快上，对风险控制有所忽视，欠下的债到了该还的时候了。2013年初的原中国银监会年度工作会议将"影子银行"业务置于严管范围。商业银行重新回归合规经营、稳健发展，提高审慎经营意识，必须从自发走向自觉。

（二）加强合规监控，防范操作风险

与信用风险普遍可以追索相应对手不一样，操作风险的特点是：与流程违规、控制失当相关，突发性强，不好预防；发生损失概率大，损失金额高；操作失控，经常衍变为案件；通常是内部人作案，或是内外勾结作案，防范难度大。操作风险的特点及危害要求银行：一是要高度重视合规教育，弘扬合规创造价值理念，全面提高全员合规意识。二是要全面完善制度。三是要不断强化制度执行力。四是要建立基于检查监督的合规监控和后评价机制。五是要加强政治思想教育和员工行为排查，及时掌握和了解员工的思想动态，有效防范道德风险。

（三）强化流程控制，防范法律和合规风险

违规问题和合规风险的发生，归根到底在于合规风险意识淡薄，制度执行不力，流程控制不严。为此，国内商业银行要认真梳理各项规章制度和流程，营造审慎合规经营的氛围，努力构建合规文化，形成风险管理和流程控制相关工作的长效机制。

（四）加强头寸管理和资产配置，防范流动性风险

随着利率市场化进程的加快，国内商业银行内部资金调度和头寸管理面临着日益严峻的挑战。突出表现在流动性的结构失衡上：人民币存贷款增长不匹配，外汇资金来源和运用不平衡，外汇贷款增长不断加快和外汇存款负增长的矛盾日益突出。加强流动性管理，要注重统筹兼顾、协调配合，要主动做好本外币、长短期、预算和监督考核、基础产品和衍生产品等多方面统筹。

（五）建立并落实盯市制度，防范市场风险和国别风险

建立并落实逐日盯市制度，是巴塞尔新资本协议进行风险资产计量的原则要求。特别是在金融脱媒加剧，传统业务受到巨大冲击，银行业表外业务迅速增长、"影子银行"业务膨胀的背景下，为防止金融体系其他参与者和非金融部门风险向银行业传导，逐日盯市更为重要。逐日盯市制度要做到：对所有账户的交易及头寸按不同国别、不同品种、不同月份的合约分别进行结算，保证每一交易账户的盈亏都能得到及时的、具体的、真实的反映，为及时调整账户资金、控制风险提供依据，确保将市场风险和国别风险的敞口控制在银行可承受的范围内。

（六）加大投入力度，防范信息科技风险

目前，我国商业银行改善风险管理最大的障碍是风险管理信息系统建设严重滞后。具体表现在：风险管理所需要的大量业务信息缺失，银行无

法建立相应的资产组合管理模型，无法准确掌握风险敞口；风险管理信息不足，直接影响到风险管理决策的科学性，也为风险管理的量化、模型化增添了困难。信息科技风险是声誉风险的重要组成部分，对商业银行的生存和发展至关重要。科技是商业银行的第一生产力，商业银行需要加大资源投入力度，提升硬件和软件水平，提高技术创新能力和 IT 技术应用水平；重视信息收集和整理，提高基础数据质量；提高学习能力，掌握风险管理先进技术，建立全面风险管理理念；完善风险管理信息系统，提高风险管理的自动化能力和信息化水平。

（七）完善战略规划并强化监督执行，防范策略风险

全面市场调研，找准市场定位，科学制订战略，是战略布局的常规路径。而全面细化规划，逐步有序推进，强化监督考核，是确保执行到位的不二法门。战略问题，差异化是关键，科学性是灵魂，坚持执行是第一要义。

（八）加强全面风险控制，切实防范声誉风险

随着社会信息化、银行公众公司化的发展，声誉风险越来越成为商业银行风险管理的核心内容，并逐步涵盖其他重大业务风险和业务事件。防范声誉风险，首先要重点做好信贷、理财业务、代理保险、基金、债券等业务的规范销售、客户投诉处理、舆情跟踪监测等敏感度高的各相关环节的工作。其次要加强客户投诉管理，改进客户服务，建立声誉风险防范长效机制，维护良好的公众形象。最后要前移信访维稳关口，变被动接访为主动沟通交流，融洽关系，化解矛盾，防患于未然。

总之，全面风险管理就是要在以客户为中心、以市场为导向的银行经营原则要求下，通过组织体系和工作机制建设，合理运用风险管理技术，明确权限，分清职责，加强制约和监督，推动风险管理成为网点、部门和条线在业务发展中的自发协调和自觉实践，最终实现对所有业务全流程、多维度、立体化的实时风险管理和适度超前控制，达到风险可控前提下的

业务可持续发展。

二、加强全面风险管理的措施

目前，我国商业银行风险管理领域存在的主要问题包括：重业务发展，轻风险防范；人才较缺乏，管理尚粗放；激励不相容，约束不到位；制度较完善，执行易走样；职能很分散，协调难度大。为此，需要加大力度加强全面风险管理。

（一）加强合规文化建设，培育先进风险管理理念

银行高级管理层应积极倡导风险管理文化并构建全面风险管理的组织框架。管理者与执行者应良性互动，将合规文化的理念潜移默化地传达给全行员工。营造合规和风险管理文化，要求每个机构的每位员工牢固树立风险管理意识，积极防范和控制业务风险，努力转变员工的思想观念和行为模式，使风险管理目标、风险管理理念和风险管理习惯渗透于每个业务环节，内化为每位员工的自觉行为。要以人为本，鼓励创新。采取多种形式灌输现代商业银行风险管理理念，传授风险管理理论和方法，使员工在风险管理知识方面不断得到强化。

（二）坚持可持续发展观，完善公司治理机制

按可持续发展的要求，清晰界定董事会、经营层和监事会的职责，协调统一推进银行在风险可控基础上健康发展。董事会应当加强对国际银行业发展趋势和经济金融形势的研判，前瞻性地制订好较为科学的战略规划并严格考核、推动执行；经营层应当加强战略宣导，建立相应工作机制，坚决执行战略规划；监事会加强检查监督；三位一体确保战略执行到位。董事会应当着眼宏观、指导微观，授权明确、放权到位；经营层应当放手发展、大胆开拓；监事会应当保驾护航、适时纠偏。在最高层面建立起重点突出、权责对等、相互制衡的治理机制，为银行中层和基层做好表率。

(三) 完善组织架构建设，构建全面风险管理体系

理论上讲，全面风险管理体系建设可以采用三种模式：一是专业条线管理相关风险的、目前大多数银行沿用的"分而治之"的管理模式。二是由独立的风险管理部门履行全面风险管理的大一统的管理模式。三是由风险管理部门牵头协调，成立各专业风险管理委员会具体管理各类风险的矩阵式管理模式。三种模式各有利弊，各商业银行应当结合自身的企业文化、员工素质、管理能力和发展阶段，审慎选择采用何种模式，在一定时期内保持一定的稳定性，并随着发展阶段的变化适时进行重新评估和主动调整，确保不因模式选择制约业务发展。目前来看，第三种模式相对而言成本低、效率高，但信息共享、组织协调的要求也最高。

(四) 约束到位激励相容，加大制度执行力度

在高管层风险管理创造价值理念引导下，风险管理考核体系至少包括以下内容：全面风险管理的目标应当清晰，定性指标应当可衡量，定量指标应当有信息支撑并可准确计量；目标一经确定，应当有一定的连续性。风险管理的目标应当包括资产质量、业务发展等多个维度。风险管理目标的实现主要通过考核和激励，其考核应当与业务发展等重要业绩指标挂钩，并在对风险管理岗位和人员的考核中明确业务发展和机构实现利润两项指标所占权重，并应当占有显著比例（一般不应低于20%）。风险管理考核的重要组成部分是奖惩制度。正向激励应当关注正确理念传导、业务创新和技术进步等，反向激励即约束机制建设要明确追究理念偏差、行动片面、技术和业绩落后的部门和人员。此外，还应以考核的严肃性、激励和约束的到位来确保制度的执行力度，推动合规文化的形成，从而保证全面风险管理理念的贯彻落实。

(五) 推动风险管理技术进步，提高全面风险管理水平

我国商业银行风险识别能力与国际水平差距不大，但风险计量、风险

缓释技术则差距不小。随着金融理论、统计和信息技术的发展，银行风险计量技术水平不断提高，风险计量技术已经成为大型先进商业银行风险管理的核心竞争力。目前我国商业银行风险缓释技术运用的主要缺陷在于：法制不健全、信用体系不完善；市场主体缺位、缺乏信托精神；产品体系不完善、业务创新层次较低；金融管制较多、创新业务发展缓慢；违约事件频发、社会交易成本过高等。解决问题的关键在于监管理念的大解放，法制精神、契约精神的再塑造，并以此推动机制体制创新，切实放开股权结构、资产证券化、债转股、混业经营等方面的限制，充分提高商业银行与相关机构合作缓释风险的能力和水平。

（六）提高市场透明度，完善信息披露

巴塞尔资本协议将市场约束列为银行风险管理的第三个支柱，特别强调了对银行信息披露的要求，既是提高市场透明度、加强市场和外界对银行业监督的需要，也有利于银行间加强沟通和交流，促进信息共享，提高经营管理能力。信息披露应当积极主动、合规有序、协调统一，推动品牌建设，践行社会责任，彰显企业文化。

（七）建立内外部协同监督机制，加强沟通反馈和协调

我国商业银行应当切实加强内审部门的力量，对内部审计所发现问题做好整改和自我纠正，充分发挥内部审计部门的检查监督第三道防线的作用。商业银行还应当进一步重视外部监督，接受政府的产业发展指引和经营管理指导，自觉履行社会责任，防范声誉风险；积极了解监督部门政策意图，主动跟踪相关政策变化，牢固树立可持续发展观，坚持与监管部门保持良性发展的一致取向；与媒体保持良好关系，积极披露信息，做好各项应急预案，主动做好危机公关；加强与同业的联系和沟通，与同业协会等自律组织建立良好关系，创造促进业务发展的良好环境。